前言

在二十余年的教学实践中，李华老师专注于初中阶段学生语文能力分层方面的研究，总结形成了一套成体系的阅读写作课程。同时，致力于中考的应考实效性研究，注重学生解题方法的可操作性及习得。

本书针对中考中最为常见的记叙文阅读和写作题型以及学生答题时常出现的问题，提供了相应的解题思路和写作技法。

在内容的编排上，本书秉持"符合学生使用场景""一学就会"的原则，从真实问题解析到实用方法呈现，每一个环节都精心设计、反复斟酌，尤其注重通过丰富的示例、详细的解析以及针对性的练习，帮助学生巩固所学知识，提升阅读和写作能力，进而做到举一反三，触类旁通。

当同学们翻开这本我们精心编排的《一学就会的阅读写作课》时，便已开启了一段充满惊喜与收获的学习之旅。

我们渴望，所有遇到这本书的同学都能切实掌握语文学习的方法，并且从此对语文考试充满信心！

我们渴望，每一位同学都能在语文的世界里收获知识，收获成长！

李 华

2024年7月

李华

高途集团初中语文资深主讲

高途集团"功勋教师"、途途课堂"最强主讲"

○ 拥有 **23 年**一线教学经验 ○

○ 参与过多次**中考阅卷** ○

○ 参与过多次统考**试卷命题** ○

多年教学实践沉淀出一套行之有效的阅读、写作课程

一学就会的

阅读写作课

李华 主编

黑龙江大学出版社
HEILONGJIANG UNIVERSITY PRESS
哈尔滨

图书在版编目（CIP）数据

一学就会的阅读写作课 / 李华主编. -- 哈尔滨：
黑龙江大学出版社，2025. 1. -- ISBN 978-7-5686-1190-
9

Ⅰ. G634.303

中国国家版本馆 CIP 数据核字第 2024BT4499 号

本书部分文字作品稿酬已向中国文字著作权协会提存，敬请相关著作权人联系领取。

电话：010-65978917，传真：010-65978926，E-mail: wenzhuxie@126.com。

一学就会的阅读写作课

YI XUE JIU HUI DE YUEDU XIEZUO KE

李华　主编

责任编辑　张永生
出版发行　黑龙江大学出版社
地　　址　哈尔滨市南岗区学府三道街 36 号
印　　刷　天津创先河普业印刷有限公司
开　　本　880 毫米 ×1230 毫米　1/16
印　　张　10
字　　数　171 千
版　　次　2025 年 1 月第 1 版
印　　次　2025 年 1 月第 1 次印刷
书　　号　ISBN 978-7-5686-1190-9
定　　价　79.90 元

本书如有印装错误请与本社联系更换，联系电话：0451-86608666。

编委会

华老师致力于让孩子们

脑中有灵魂，心中有温度，脚下有底线

目录

能读
"默写"阅读题

会写
写作为自己

技巧讲解

范文解析

能读

"默写"阅读题

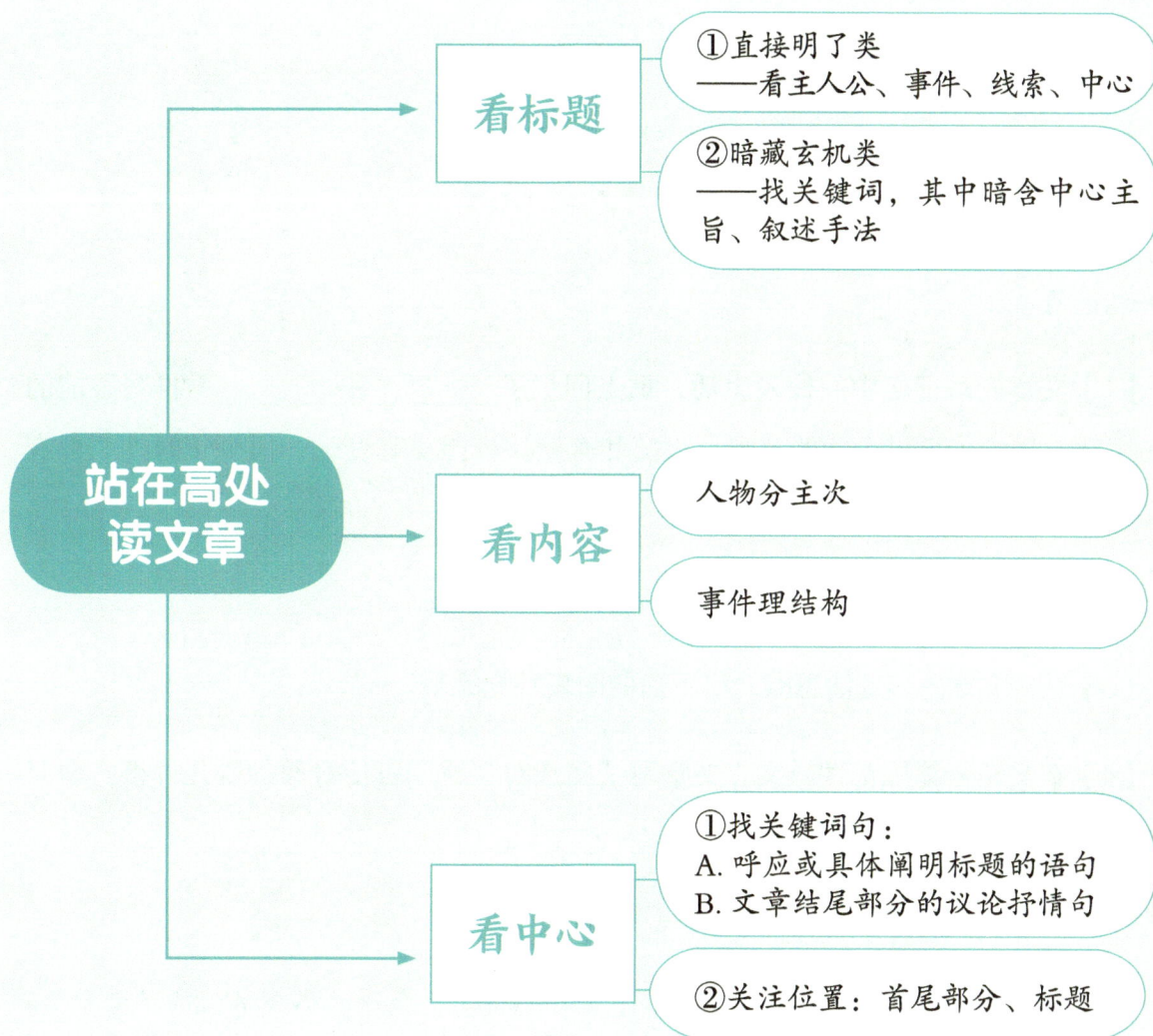

题型讲解

一、概括题

精选题目

【1】文章先写记忆中的校园生活，重点回忆了＿＿＿＿和＿＿＿＿；再写眼前的校园生活，描绘了少男少女的齐唱、欢笑和奔跑。校园虽有变化，但少年时期"都有自己独特的美好记忆"。

【2】围绕"放飞"，作者的心情历经波折，请分条概括。

【3】结合文章内容理清思路，将下面的图表补充完整。

【4】本文是一篇回忆性散文。文章写了父亲对"我"言传身教的哪几件事？请简要概括。

华老师解读

此类题型旨在考查学生的结构梳理、总结归纳能力，几乎为各类考试的必考题型。概括题具体可以分为全文概括、局部概括两类。

学生在做这类题目时，容易出现概括不准确、概括不完整，或者不知道怎么组织语言等问题。究其根源，主要是没有掌握正确的解题思维路径。

题目	错误示范	解析
请概括下文情节。 　　然后，她埋下头来认真擦鞋，再无言语。她先用鞋刷轻轻地刷去尘土，不急于上鞋油，而是用小喷壶对准皮鞋面喷潮，再用另一个鞋刷蘸点鞋油，在潮的地方打着圈把鞋油涂均匀，然后从鞋尖部位开始擦，一点一点地往后。擦完一只再擦另外一只。两只鞋擦完后，她又重新擦一遍，和上次打圈擦不一样，这次是直线来回擦。最后换软棉布擦，棉布缠在右手上，四指并拢用力向外撑，飞速地来回…… 　　（摘编自周伟《擦鞋的女人》）	学生甲：<u>擦鞋女人对待工作一丝不苟。</u>	该答案是一个人物特点的总结，不是情节。
	学生乙：<u>擦鞋工作需要细致、认真的品质。</u>	该答案是由选文内容得出的观点，不是情节。
	学生丙：<u>认真敬业的擦鞋女人。</u>	该答案是一个人物形象的描述，不是情节。

　　参考答案：
　　擦鞋女人（认真）擦鞋。（人物＋事件）

概括题答题步骤

第一步：结合文章，确定概括区间

第二步：明确主语，确定概括角度

第三步：明确情节，确定概括要点

第四步：回读题干，确定概括要求

简答式：时间＋地点＋人物＋主要事件＋结果

链条式、表格式：推行原文

人物形象概括：事件＋形象；
　　　　　　　　描写＋形象

片段练习

片段一

老街的街口总站着一个擦鞋的女人，在她的身旁，有两把半新不旧的藤椅，抹得干净泛光，一尘不染。

小城的早晨，是勤劳而又新鲜的，这个擦鞋的女人也是这样。她一脸微笑地立在晨曦里，大方地和来来往往的行人打招呼。她不像其他擦鞋的人不厌其烦地问：擦鞋吗？她问：去上班？去买菜？去送小孩？……很得体，很亲切，一如她内心的欣悦。

（摘编自周伟《擦鞋的女人》）

选段写了一件什么事情？

_____

_____

华老师 答案

时间	早晨
地点	老街的街口
人物	擦鞋的女人
主要事件	问候路人
结果	（无）

片段二

中国是弱国，所以中国人当然是低能儿，分数在六十分以上，便不是自己的能力了：也无怪他们疑惑。但我接着便有参观枪毙中国人的命运了。第二年添教霉菌学，细菌的形状是全用电影来显示的，一段落已完而还没有到下课的时候，便影几片时事的片子，自然都是日本战胜俄国的情形。但偏有中国人夹在里边：给俄国人做侦探，被日本军捕获，要枪毙了，围着看的也是一群中国人；在讲堂里的还有一个我。

"万岁！"他们都拍掌欢呼起来。

这种欢呼，是每看一片都有的，但在我，这一声却特别听得刺耳。此后回到中国来，我看见那些闲看枪毙犯人的人们，他们也何尝不酒醉似的喝采，——呜呼，无法可想！但在那时那地，我的意见却变化了。

（节选自鲁迅《藤野先生》）

选文主要记述了一件什么事？

_____

_____

华老师 答 案

时间	（无）
地点	（无）
人物	"我"
主要事件	经历电影事件
结果	改变了观念

片段三

我记得学校第一次停电的时候，我正在教室看着九年级学生学习，学生们先是闹腾了一下，随即拿出自备的台灯开始继续学习，我看看已经习惯了停电的他们，默默地给李老师发了个消息："李老师，抄家伙。"

不一会儿，李老师扛着大家伙来了，学生们哇地欢呼起来。李老师一摆衣袖，在讲台上抄了一把凳子坐下，吉他一架，对学生们说道："点歌！"不会唱歌的我则站在窗台，一边听着歌，一边看着月色。

（节选自唐家银《教音乐的物理老师》）

请概括选段情节。

_____

_____

华老师答案

时间	学校停电时	
地点	教室	
人物	学生	"我"
主要事件	拿台灯继续学习	请来李老师给学生们弹吉他、唱歌
结果	（无）	

二、语言赏析题

精选题目

【1】请结合语境，根据括号中的要求进行赏析。

①小小的橘子花缀满枝头，金黄的花蕊一团团，一簇簇，挤挤挨挨，肆意绽放，像调皮可爱的小精灵。（请从修辞的角度赏析）

②同伴环顾四周悄然无人，便给我使了个眼色，我们迅速摘下了两个橘子，飞也似的逃离橘林，心怦怦乱跳。（请从描写的角度赏析）

【2】请从修辞的角度赏析画线的句子。

她像雨前忙着搬家的蚂蚁，左右摇晃着略显圆实的身体，自顾自地来来回回，连拖带抱，硬生生地把大大小小的包裹都塞进了车里。

【3】按照括号中的提示，结合上下文赏析文中画线句和加点词的表达效果。

秋歌，种子唱得最带劲儿。（请从修辞的角度赏析）

华老师解读

此类题型旨在考查学生的理解鉴赏能力，几乎是各类考试的必考题型。常规的记叙文语言赏析题考查，多从修辞和描写两个角度出发，这也是语言赏析题的基础题型。

作答语言赏析题，分为判断和分析两个步骤。判断这一步相对容易，但分析这一步要求有层次且完整，这就需要同学们有清晰的答题思路。

题目	错误示范	解析
从修辞角度赏析下面句子。 善解人意的司机停下了车，车上的游客全跑到了外面，凛冽而清新的空气一下子包围了我们。那些生长在岸边地头英姿飒爽的白杨，就像《风景谈》里面站在晨曦中吹号的号兵。 （节选自张伟忠《又见白杨》）	学生甲：该句运用拟人的修辞手法，把白杨拟人化，生动形象地表现了白杨树伟岸的特点，表达了作者对白杨的赞美之情。	该答案对修辞手法判断错误。
	学生乙：该句运用比喻的修辞手法，把白杨比作号兵，生动形象地体现了白杨树伟岸、正直、挺拔的特点。	该答案没有答出情感。
	学生丙：该句运用比喻的修辞手法，把白杨比作号兵，生动形象地体现了白杨罕见、稀有的特点，表达了作者对白杨的新奇之情。	该答案对句意理解错误，特点和情感分析也有误。

参考答案：

该句运用比喻的修辞手法，把白杨比作"号兵"，"号兵"体现了白杨的伟岸、正直、挺拔，表达了作者对白杨的赞美与喜爱之情。

语言赏析题常考角度及答题步骤

修辞角度
- 比喻
- 拟人
- 夸张
- 排比
- 设问
- ……

描写角度
- 人物
  - 外貌
  - 语言
  - 动作
  - 心理
  - 神态
- 事物
- 景物

①使用( )方法
②生动形象地写出了( )的( )
③表现了( )的特点
④表达了( )的感情

两具体：
①回归具体情境
②使用具体词语

片段练习

片段一

　　父亲的眼神始终不离屋子的一处角落，那里有一个红漆柜子。妹妹打开红漆斑驳的柜子，取出了一个老旧的毯子。往外拿的时候，那毯子分明有些僵，有些硬，不像是编织的，倒像一块破损的薄土坯。看到这个毯子，父亲的眼睛里突然闪出一星光亮："冷，冷。它，暖，真暖。"他的嘴里吐出了新鲜的词语。

（节选自马宇龙《父亲的军毯》）

请从修辞手法的角度，赏析画线句。

_____

_____

华老师答案

手法　句子使用了（比喻）的修辞手法，将"毯子"比作"薄土坯"

词语　用（薄土坯）生动形象地写出了（毯子）的（老旧、破损、僵硬）

情节　表现了（毯子的与众不同）

中心　表达了（父亲对这块毯子的格外珍视之情）

片段二

朱中华相信纸是会呼吸的，有生命的，甚至相信，纸是有灵魂的。据《天工开物》记载，从一根竹子到一张纸，要经过砍竹、断青、刮皮、断料、发酵、烧煮、打浆、捞纸、晒纸、切纸等七十二道工序，耗时整整十个月，像孕育一个胎儿。从诞生的那一天起，便承载着生死悲欢、沧海桑田，那么重，那么痛，那么美，它怎么可能顽同木石？

可是，很难。如今的人们，往往只关注纸上的字，关注是谁的画谁的印章，是否有名，有谁真正注意过一张纸本身，它来自哪里？如何制造的？能活多少年？谁在担心一张纸会永远消逝，一门古老的手艺将无人传承，一种珍贵的精神将永远绝迹？

<u>《四库全书》的触觉还在指尖萦绕，他掐灭烟，将双手慢慢伸进纸槽，看到遗失在时光深处的老精魂，在纸浆水里渐渐醒来。</u>

（摘编自苏沧桑《会呼吸的纸》）

请从修辞的角度给画线句子做赏析式批注。

_____

_____

华老师
答　案

手法　　句子使用了（拟人）的修辞手法

词语　　（"老精魂"）是（朱中华传承古法造纸决心）的人格化体现

情节　　生动诗意地展现了（朱中华的坚守）

中心　　表达了（朱中华要将古法造纸传承下去的决心）

三、句段作用题

精选题目

【1】文中画线的句子都是文老师说的话，它们有什么作用？请结合全文，从内容和结构两方面简要分析。

【2】结合全文，分析最后一段的作用。

【3】请写出文末"今天全世界都吃粽子，你吃了没有"这句话的作用。

【4】文章第四自然段写老校长的故事有什么作用？

华老师解读

此类题型旨在考查学生对文章内容和结构的理解能力，也是各类考试中高频出现的题型。

句段作用题题干除了会出现"作用""能否删去"等关键词，还可能表述为"这样写的用意是……""为什么写……"等，要注意辨识。作答时，还要注意充分结合上下文从各个角度进行分析。

题目	错误示范	解析

最后一段有什么作用?

后来,我向父亲问起他与瘦大叔在外面喝酒吃饭的事儿。父亲反问我:"若亲朋来到咱家门口出摊,你是请他来家里吃饭,还是端碗面条送出去呢?""那还用说吗,当然请到家里了。"父亲的意思我明白了,我送修鞋的瘦大叔面条,初衷是让他帮忙消灭剩饭,送给人家时还一副"大善人"的模样。而父亲就不同了,他是以朋友之礼对待瘦大叔,陪他在风雪中吃一碗面是情义。

父亲和瘦大叔成了朋友。瘦大叔说,他来我们这里出摊,是他下岗后的第一份活计,刚开始干的时候,有点儿抹不开面子,怕被人瞧不起,心情也非常低落。但那天天那么冷,父亲还陪他在外面喝酒吃饭受冻,让他非常感动。那碗面他吃得热气腾腾,让寒意全无。

父亲说得对,一碗"雪花面",有了情义便有了温度。

(摘编自马海霞《一碗"雪花面"》)

学生甲: 揭示了主旨:要真诚地尊重和体谅受助者。

学生乙: 总结了前文:父亲在雪花飘落的街边陪瘦大叔吃面条,让瘦大叔感到温暖和被尊重。

学生丙: ①总结了前文:父亲在雪花飘落的街边陪瘦大叔吃面条,让瘦大叔感到温暖和被尊重。

②揭示了主旨:人间总有情义在。

该答案不全面,没有答出最后一段在结构和表达效果上的作用。

该答案不全面,没有答出最后一段在内容和表达效果上的作用。

该答案抓住了结构和内容两个角度,但是对文章主旨的理解不准确,也没有考虑到最后一段在表达效果上的作用。

参考答案:

结构上,总结了前文:父亲在雪花飘落的街边陪瘦大叔吃面条,让瘦大叔感到温暖和被尊重。

内容上,揭示了主旨:要真诚地尊重和体谅受助者。

效果上,含义深邃,引人深思。

句段作用题答题角度

开头
- 结构 — 总领全文，为下文做铺垫
- 内容 — 点明中心
- 效果 — 设置悬念，激发兴趣，奠定情感基调

中间
- 结构 — 总结上文，引起下文，承上启下
- 内容 — 交代/补充情节
- 效果 — 使文章波澜起伏

结尾
- 结构 — 总结全文，照应前文/开头/题目
- 内容 — 点明中心，升华主题，卒章显志
- 效果 — 留下想象空间，引人深思

片段练习

片段一

烟火气这词，只可意会，不可言传。

李安《饮食男女》里，归亚蕾扮的梁伯母，在美国女婿家住不惯，回家了一口湖南腔跟人抱怨："吃饭咧，除了洋葱就是汉堡，我炒个蛋炒饭，他的警报器都会响咧！我在那里真是生不如死！"

的确，吃惯汉堡、家里又有烟雾报警器的人，很难理解蛋炒饭的流程与意义。厨灶间烟火飞舞，哪怕一碗蛋炒饭，都让人生机蓬勃。

（摘编自张佳玮《尝一口人间烟火》）

文章提到李安的《饮食男女》有何作用？

_____

_____

华老师
答 案

结构　承接上文

内容　解读了上文提出的"烟火气"

效果　通过引用电影片段，激发读者的阅读兴趣

片段二

　　我最最喜欢吃的是灰汤粽。那是用旱稻草烧成灰，铺在白布上，拿开水一冲。滴下的热汤呈深褐色，内含大量的碱。把包好的白米粽浸泡在灰汤中一段时间（大约一夜吧），提出来煮熟，就是浅咖啡色带碱味的灰汤粽。那股子特别的清香，是其他粽子所不及的。我一口气可以吃两个，因为灰汤粽不但不碍胃，反而有帮助消化之功。过节时若吃得过饱，母亲就用灰汤粽焙成灰，叫我用开水送服，胃就舒服了。完全是自然食物的自然治疗法。母亲常说我是从灰汤粽里长大的。<u>几十年来，一想起灰汤粽的香味，就神往童年与故乡的快乐时光。但在今天到哪里去找旱稻草烧出灰来冲灰汤呢？</u>

（摘编自琦君《粽子里的乡愁》）

请分析画线句的作用。

_____

_____

华老师
答　案

结构	总结上文对灰汤粽的回忆，使用问句又便于引出下文内容
内容	写出了作者对灰汤粽的深厚情感
效果	激发读者的阅读兴趣

四、标题作用题

精选题目

【1】说一说"童年合欢花"这个标题的作用。

【2】文章以"花朵的味道"为标题，有何作用？请结合文本简要分析。

【3】文章以"开在心里的橘子花"为标题，有何作用？

【4】联系全文，请说说以"冬日炒米香"为标题的作用。

华老师解读

标题在一篇文章中扮演着重要角色，包含着写作线索、主要写作对象、主要事件、中心主旨词等。读懂标题，是读懂文章的关键要素之一。因而，有关标题的考题也是试卷上的"常客"。

标题作用题看起来是考查学生对标题那几个字的解读，实际上却是考查对全文主旨甚至作者写作意图的解读。作答标题作用题必然要求联系整篇文章并从各个角度进行解读，这是容易被忽视的要点。

题目	错误示范	解析
从课文《走一步，再走一步》的内容看，标题"走一步，再走一步"有什么作用？	学生甲：<u>意思是走路的时候要一步一步慢慢走，不能只追求速度而不顾安危。</u>	该答案是纯粹的字面含义解读，没有答出作用，审题有误。
	学生乙：<u>揭示了文章主旨：在人生道路上，无论多大的困难，只要将其分解开来，就可以化难为易，走一步，再走一步，就会比较容易战胜困难。</u>	该答案只答出了这个标题在揭示文章主旨上的作用，不完整。
	学生丙：<u>点出了文章的主要事件："我"在爸爸的指导下一步一步走下悬崖。</u>	该答案只答出了这个标题在点出主要内容方面的作用，不完整。

参考答案：

①"走一步，再走一步"是文章的主要事件。②设置悬念，激发读者的阅读兴趣。③一语双关，既是指主人公走下悬崖的方法，又揭示了文章主旨：在人生道路上，无论多大的困难，只要将其分解开来，就可以化难为易，走一步，再走一步，就会比较容易战胜困难。

标题作用题答题角度

- 线索
- 主人公
- 主要事件
- 中心
- 悬念
- 手法

①作为线索，贯穿全文
②交代了写作要素（时间、地点、主要人物、故事内容等）
③体现了……的中心
④设置悬念，激发读者的阅读兴趣
⑤使用了……的手法（双关、引用、比喻等）

注：标题作用题需紧密结合全文作答，故不设片段练习。

五、中心主旨题

【1】小说中不同的人对"圆满"有不同的理解。请结合小说主旨，说说你对这些"圆满"的看法。

【2】读小说要领悟主题的丰富性。请归纳小说的三个主题。

【3】有人说"散文是一个时代真实的精神生存状态的投射，是醒着的心灵对于世相的观察"。请你结合全文说说作者对家园的情感。

【4】本文意蕴丰富，表达了作者对生活的多种感悟。请结合全文内容进行分析。

华老师解读

此类题型旨在考查学生的理解感悟能力。表面看，这类题型无从着手，因为"一千个读者就有一千个哈姆雷特"，实则有迹可循。解题时要结合文本，聚焦关键位置，仔细地进行分析。

常规记叙文的中心主旨往往通过标题以及文中各处的议论抒情句就能判断，但是小说的主旨多隐藏在内容里，要通过解读情节、人物形象甚至环境描写才能得出。此类题型还常以开放探究的形式出现，从而进一步增加了难度。由于作答时极易没有方向或者把握不准方向，学生需要掌握一定的阅读技巧才能更好地驾驭此类题型。

题目一	错误示范	解析

题目一

选段洋溢着哪些扑面而来的炽热情感?

①后生们的胳膊、腿、全身,有力地搏击着,疾速地搏击着,大起大落地搏击着。它震撼着你,烧灼着你,威逼着你。它使你从来没有如此鲜明地感受到生命的存在、活跃和强盛。它使你惊异于那农民衣着包裹着的躯体,那消化着红豆角角老南瓜的躯体,居然可以释放出那么奇伟磅礴的能量!

②黄土高原啊,你生养了这些元气淋漓的后生;也只有你,才能承受如此惊心动魄的搏击!

(节选自刘成章《安塞腰鼓》)

错误示范

学生甲:选段表达了对传统文化蓬勃发展的喜悦。

学生乙:选段表达了对后生们的强烈赞美以及对安塞腰鼓的喜爱之情。

学生丙:选段表达了对黄土高原的由衷赞美。

解析

该答案脱离文本,属于天马行空式的过度解读。

选段是直接抒情、议论的句子,直接总结便可作答题目。可以看出,选段的抒情对象分别是"充满奇伟磅礴能量的后生们"和"生养了元气淋漓的后生们以及能承受安塞腰鼓的黄土高原"。

这两个答案都不完整。

参考答案:

选段表达了对"充满奇伟磅礴能量的后生们"和"生养了元气淋漓的后生们以及能承受安塞腰鼓的黄土高原"的热烈赞美。

题目二	踩坑答案	坑点分析
作者在写小说的结尾时，通常不会直白地点明文章的主旨，而是用含蓄隽永的笔调引发读者的遐思。请结合《故乡》的结尾，探究小说的主旨。	学生甲：<u>以"我"和闰土的童年往事为主要内容，通过回忆"我"和闰土昔日的种种趣事，展现了闰土如今的变化，表达了"我"对美好童年的怀念和对中国农村处境的担忧。</u>	该答案对文章主要内容把握不准确，主旨解读有偏差。（文章以"我"的一次回乡之旅为主要内容，主要描写了故乡环境、闰土及杨二嫂的变化。）
	学生乙：<u>以"我"的一次回乡之旅为主要内容，通过描绘故乡环境、闰土及杨二嫂的变化，表达了"我"对故乡人的深切眷恋。</u>	该答案对内容解读有偏差，主旨解读不准确，也不完整。（"我"对故乡人的变化是感到痛惜的。）
	学生丙：<u>以"我"的一次回乡之旅为主要内容，通过描绘故乡环境、闰土及杨二嫂的变化，反映了中国农村经济的改善，表达了"我"对创造新生活的强烈愿望。</u>	该答案对内容解读有误，主旨解读背离作者写作意图。（故乡环境、闰土及杨二嫂的变化，反映了当时中国农村经济日益凋敝、农民日益贫困的现实。）

参考答案：

以"我"的一次回乡之旅为主要内容，通过描绘故乡环境、闰土及杨二嫂的变化，揭示了当时农民生活的日益艰难、农村经济的日益凋敝，表达了作者对创造新生活的强烈意愿和决心。

中心主旨题答题思路

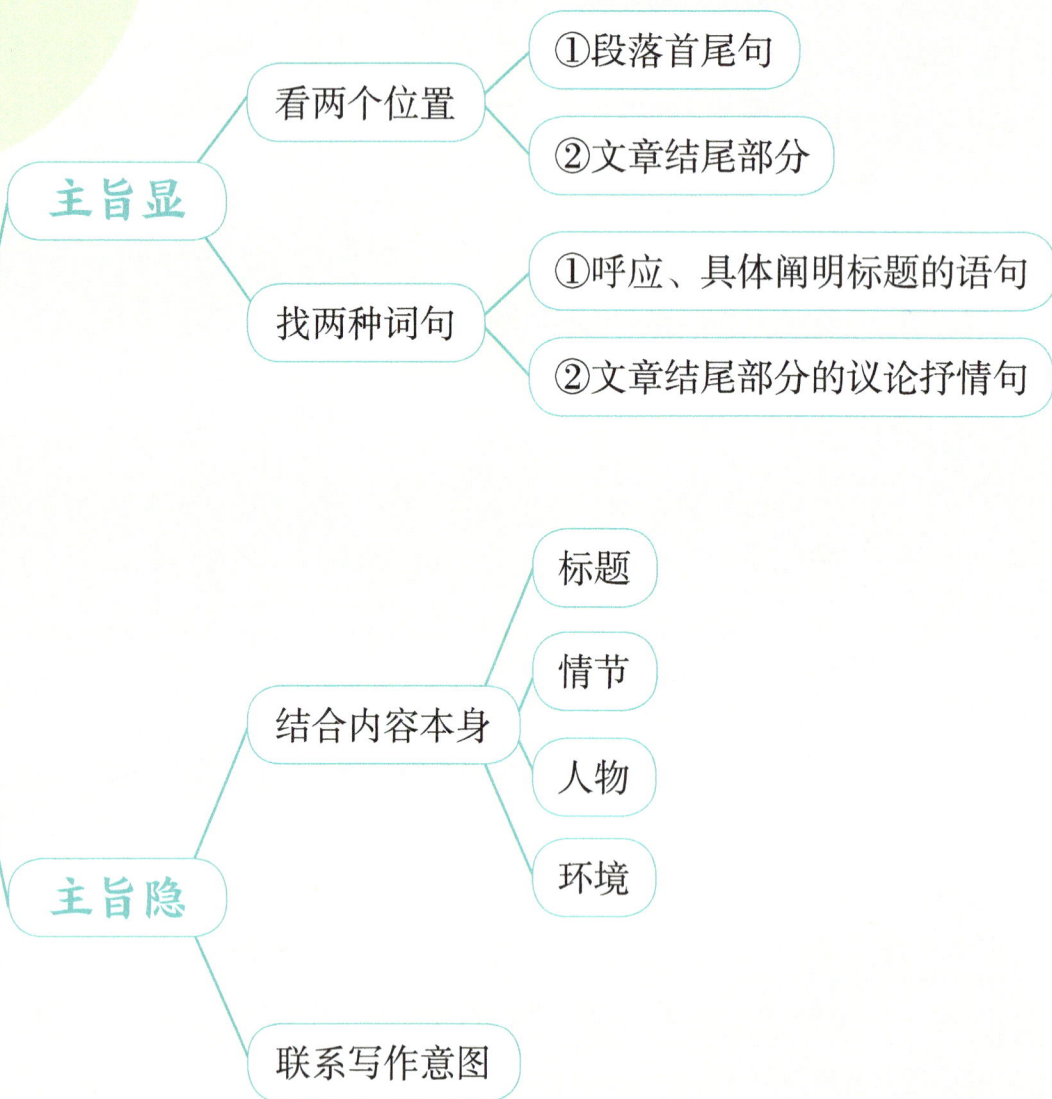

主旨显
- 看两个位置
  - ①段落首尾句
  - ②文章结尾部分
- 找两种词句
  - ①呼应、具体阐明标题的语句
  - ②文章结尾部分的议论抒情句

主旨隐
- 结合内容本身
  - 标题
  - 情节
  - 人物
  - 环境
- 联系写作意图

注：中心主旨题需紧密结合全文作答，故不设片段练习。

六、环境描写题

精选题目

【1】请结合小说内容，分析文中环境描写的作用。

【2】文章结尾处的环境描写在结构和内容上各有什么作用？

【3】选文第⑥段画线句子运用了什么描写方法？有什么作用？

<u>风越刮越大，雨越下越急，雨点噼噼啪啪地抽打着肥大的杨树叶，雨水冲刷着马路。</u>

【4】请分析选文第③段结尾景物描写的作用。

阳光从树梢上洒下来，风影婆娑，又寂静如鸟羽，很快被落叶逐寸覆盖，只留下一个浅浅的轮廓。

华老师解读

环境描写是指对人物活动的环境和事情发生的背景进行描写，包括自然环境描写和社会环境描写。

此类题型旨在考查学生是否会分析环境描写对文章内容、结构以及中心的作用。

学生在做此类题目时，容易忘记结合文章具体内容，忽略环境描写在文章结构上的作用，甚至可能不清楚应当从哪些角度来思考和作答。

题目	错误示范	解析
请从环境描写的角度，赏析第⑦段的画线句。 ⑦修车师傅有这个胸襟，我完全相信。我亲眼见他的工具柜里放着金庸的《笑傲江湖》，等生意的时候就看看，书都翻得起了毛边儿。我也经常听到他的修车铺在黄昏时分播放贝多芬的作品，有时是《英雄交响曲》，有时是《田园交响曲》。<u>夕阳碎在修车师傅的太师椅上，给它镶上一道金边，习习凉风吹过他平静惬意的脸，有一种别样的肃穆和坦然。</u> ⑧在我眼里，他就是一位在繁华市井过起田园生活的凡人英雄…… （摘编自明前茶《手艺的江湖》）	学生甲：<u>烘托了氛围，丰富了人物形象。</u> 学生乙：<u>描写了黄昏时分凉爽美好的景象，渲染出肃穆平和的气氛，与慷慨激昂的音乐两相呼应。</u> 学生丙：<u>表现出修车师傅的坦然和平静，突出他从容的性格特点。</u>	该答案不够具体，需要点明烘托了怎样的氛围，丰富了怎样的人物形象。 该答案没有联系人物形象和文章的中心主旨。 该答案是对修车师傅的描述，而不是对环境描写作用的分析。

参考答案：

写出了黄昏时分灿然凉爽的美好景象，渲染出了恬静平和的气氛，烘托出了修车师傅惬意坦然的心境（或豁达乐观、从容淡定的形象），为下文赞美他的英雄气概做了铺垫（蓄势）。

环境描写题答题角度

交代（时间、地点、背景、环境）

渲染（氛围或气氛）

烘托（心情、形象）

推动（结构上的作用）

揭示（情感、中心）

背景分明暗
心情有好坏
呼应和铺垫

片段练习

片段一

大嫂似乎看出了庆莲的心事，说我帮你打听打听，等有双望的信儿，就快点告诉你。大嫂的话，给了庆莲一些盼头。大嫂常去县城，那里人多，知道的信儿也多。

<u>几场秋雨过后，天气转凉。</u>庆莲要给那谁做双棉鞋，她边纳鞋底，边像云一样游移着去了大嫂家。大嫂知道庆莲是来打听双望音信的，但她不说破，只说庆莲鞋底纳得密实。闲聊一阵后，绕来绕去，庆莲还是绕不过那谁。大嫂摸着庆莲手里上好鞋帮的棉鞋说："仗总会打完的，你把日子过好，等他回来。"

从那天起，老槐树下少了庆莲张望的身影。她穿梭在房前屋后、田间地头，洒扫庭院，春种秋收，时光在忙碌的生产劳动中悄然而过。柜子里新纳的鞋早已攒了厚厚一摞。

（摘编自尹小华《守望》）

画线句子有什么作用？

_____

_____

华老师
答　案

交代	表明了时间的流逝，交代了庆莲做棉鞋的背景
渲染	渲染清冷的气氛
烘托	烘托庆莲失落的心情
推动	为下文情节做铺垫
揭示	暗示庆莲对双望的思念

片段二

数年后，刘福生因病去世。出殡那天，柳条巷内外人山人海。很多吃过他饸饹的人，都系着白布来为他送行。刘福生的女儿香秀被人架着，简直哭成了一摊泥。大伙纷纷感叹：饸饹刘的黄旗再也竖不起来了。

一天凌晨，饸饹刘的作坊里突然亮起了灯。<u>姜黄和豆香的味道从门缝和方格窗里钻出来，向四下弥漫。</u>人们惊喜地涌过来，还排起了队。房门打开，香秀和她的男人笑盈盈地站在那里。

（节选自宋向阳《饸饹刘》）

画线句子的环境描写有什么作用？

_____

_____

华老师
答　案

交代	（无）
渲染	渲染熟悉美好的氛围
烘托	人们循着姜黄和豆香的味道再次聚在饸饹刘的作坊前，烘托出人们惊喜的心情
推动	与前文"大伙纷纷感叹：饸饹刘的黄旗再也竖不起来了"形成对比
揭示	揭示了文章主题，饸饹刘的黄旗永远不会倒，刘福生的品质会一直传承下去

片段三

我至今还清晰记得，那一夜的戈壁滩很冷。炉膛的火苗跳跃着，把铁皮做的烟管烧得通红，坐在炉子上的铝壶在夜里依旧欢快地唱歌。

临睡前，我将一壶冷水坐在炉子上，无人搭理的水壶在后半夜烧开了，便自顾自鸣唱，四周水蒸气弥漫。在戈壁滩上寒冷、干燥的冬夜里，一壶滚开的水就是房间的加湿器。我躺在床上迷迷糊糊，却听到隔壁女兵们在唱熟悉的军歌："十八岁，十八岁，我参军到部队……生命里有了当兵的历史，一辈子也不会感到懊悔。"

我也是十八岁参军的，后来我当了主任，手下四个年轻女兵。每晚临睡前，我像帮助小妹一样，帮她们加好煤，封好炉子，再在炉子上坐一壶水。女兵们不明白个中道理，向我抱怨那个铝壶半夜鸣叫，她们一夜没有睡好。我说，铝壶在夜里唱歌就是妈妈的摇篮曲。她们却笑着说，自己已经不是流鼻涕的小孩了。

那晚直到后半夜，我依旧迷迷糊糊听见有人在唱歌，歌曲一首接着一首，朦朦胧胧。后来愈来愈真切，是女兵们在夜里唱歌，是压低声音在唱的。天亮后，住在我隔壁的女兵们就要退伍回老家了。那夜是她们在团里的最后一晚。

（摘编自邹冰《那夜的歌声》）

请简要分析选文开头环境描写的作用。

华老师
答案

交代	交代故事发生的时间、地点
渲染	戈壁滩的冷与炉子上铝壶的欢唱形成鲜明的对比，渲染欢快的气氛
烘托	烘托女兵们的形象
推动	为下文描写戈壁滩上女兵们临别时唱歌的情节做了铺垫
揭示	揭示了女兵们的坚强与乐观

七、人物赏析题

精选题目

【1】小说中的人物"吴启"和"司机"有共同的性格特点，请概括并简述理由。

【2】父亲是伟大的，父爱是深沉的。请结合文本，探究"父亲"这一人物形象。

【3】主人公老胡有哪些优秀品质？请简要概括。

【4】你认为家栋是一个怎样的人？请结合全文内容简要概括。

华老师解读

此类题型的提问方式通常包括简要概括人物形象和结合文章简要分析人物形象两种，后者需要答出分析依据。

人物赏析题不仅考查学生对人物特点的分析能力，同时考查对事件的简要概括、对不同描写方法的辨别以及作用的分析能力。

学生在作答此类题目时，容易对人物形象概括不精准、不全面，或者忘记给出分析依据。

题目	错误示范	解析
请简要分析选文中的人物形象。	学生甲：<u>他是一个喜欢小花的战士。</u>	该答案对人物形象概括不全面。

每一天，趁长官不注意，他仍然将小花插进枪口。夜里他抱着开花的步枪睡觉，梦里花儿开满全身。他幸福得不想醒来。

他必须醒来。他们终于发现了敌人，十几个人趁着夜色，爬行在淡蓝色的花丛之间，他们拖着长长的步枪，头盔涂抹成花朵的蓝色，眼神充满令人恐惧的杀气。长官冲他摆摆手，他起身。长官再冲他摆摆手，他将枪口捅进射击孔。长官又冲他摆摆手，他的枪口，便瞄准了离他最近的头盔。这动作他和长官演练过很多次，只要他扣动扳机，对方的头盔就会多出一个圆圆的小洞，死去之前对方甚至连轻哼一声的机会都没有。他百发百中。

（摘编自周海亮《枪口上的小花》）

	学生乙：<u>他是一个枪法精湛、向往美好生活的人。</u>	该答案缺乏对人物形象的分析依据。
	学生丙：<u>由他和长官在作战过程中配合得天衣无缝、百发百中可以看出，他是一个枪法精湛的战士，同时也可以看出他是一个残忍好战的人。</u>	该答案对人物形象的分析不正确，没有结合作者的情感态度去理解人物形象。

参考答案：

①他"将小花插进枪口"，夜里"抱着开花的步枪睡觉"，并且"幸福得不想醒来"，由此可以看出他是一个向往美好生活的人。

②他和长官在作战过程中配合得天衣无缝、百发百中，由此可以看出他是一个枪法精湛的战士。

人物赏析题分析角度

描写手法
- 外貌描写
- 语言描写
- 动作描写
- 神态描写
- 心理描写

人物事件

结合全文整体概括人物形象时，至少要分析三个特点，且其中必须包含指向中心的核心特点

片段练习

片段一

三十多年前，父亲在离家三十里路的地方上班，他每天骑自行车往返。

冬天的天，像个面无表情的冷面人。寒气阵阵，天空透着捉摸不透的意味。父亲抬头望了几次天，说："这天阴了好几天了，雪也没下，我还是去吧，厂里一大堆事，耽搁不得。"母亲说："下雪了咋办，还是别去了。"父亲犹豫了一下，推起车子出了家门。父亲轻易不会歇班，他挣的钱要供我们一家的开支呢。

……

我们面前的父亲，简直成了雪人！他衣服上都是雪，眉毛、胡须上也都是雪，整个人都是白的。"赶着做事，回来晚了。"父亲开口说话，"三十里地，我一步步走回来的！"父亲嘴巴像被冻僵了一般。母亲的眼泪一下子涌了出来，她使劲吸吸鼻子，为父亲拍打满身的雪。我赶紧把门关紧，让屋里的温暖一点点融化父亲的寒冷。这个世界有冰有霜，但幸好还有家；这个世界有风有雪，但幸好还有爱。夜归人，只要有人在风雪中为他守候，就一定能回到家。

父亲坐到餐桌前，看着热气腾腾的饭菜，张口想要说什么，又停了一下，终于说出一句话："家里真暖和！"

（摘编自马亚伟《风雪夜归人》）

请结合选文内容分析父亲形象。

华老师答案

事件一	阴冷的冬日父亲依然去上班
人物特点一	体现了父亲是一个对工作认真负责的人
事件二	父亲为了一家人的开支轻易不请假，冒着大雪也要一步一步走回家
人物特点二	说明父亲是一个热爱家庭、心系家人的人

片段二

范进因没有盘费，走去同丈人商议，被胡屠户一口啐在脸上，骂了一个狗血喷头，道："不要失了你的时了！你自己只觉得中了一个相公，就'癞蛤蟆想吃起天鹅肉'来！……像你这尖嘴猴腮，也该撒泡尿自己照照！不三不四，就想天鹅屁吃！趁早收了这心，明年在我们行事里，替你寻一个馆，每年寻几两银子，养活你那老不死的老娘和你老婆是正经！你问我借盘缠，我一天杀一个猪，还赚不得钱把银子，都把与你去丢在水里，叫我一家老小嗑西北风！"

……

胡屠户上前道："贤婿老爷，方才不是我敢大胆……我每常说，我的这个贤婿，才学又高，品貌又好，就是城里头那张府、周府这些老爷，也没有我女婿这样一个体面的相貌！"……一同回家。范举人先走，屠户和邻居跟在后面。屠户见女婿衣裳后襟滚皱了许多，一路低着头替他扯了几十回。

（节选自吴敬梓《儒林外史》）

选文使用了哪些描写方法？请结合选文内容分析胡屠户的人物形象。

_____

_____

华老师答案

描写	使用了语言描写及动作描写。胡屠户在范进中举前对其极尽讽刺贬低，在范进中举后又对其吹捧称赞
人物特点	通过对胡屠户前后语言和动作的对比，可以看出胡屠户是一个趋炎附势、嫌贫爱富的典型市侩

片段三

我认识韩医生，是从订报纸开始的。当时我在晚报做副刊编辑，订不出报纸要扣工资，我只好找到在福利院当院长的三叔，让他订20份报纸，以解燃眉之急。

几日后，我去福利院取订报款，见到一个小个子医生，手里拿着一摞晚报，与我三叔争辩："分院只有3个医生、5个护士，医护人员人手一份，满打满算，只能分摊8份报纸。给我们订20份，剩下的12份，让谁看？"小个子医生走后，三叔向我介绍："这个医生姓韩，是新来的。"随后，三叔给我讲了韩医生的故事。

早先，韩医生在市里一家精神康复医院工作。他医术精湛，治好了不少精神病人，在患者中颇有口碑。韩医生只给患者开便宜药，因此每月的收入都垫底儿。韩医生气不过，与刁难他的科室主任较真儿，最后甩了一句："此处不留爷，自有留爷处！"

（摘编自李林《较真儿》）

请结合选文内容分析韩医生的人物形象。

_____

_____

华老师
答 案

事件一	韩医生与院长争辩：只有8个医护人员，所以不能订20份报纸
人物特点一	体现了韩医生是一个较真儿、不愿意浪费的人
事件二	韩医生即使每月收入垫底，也坚持给患者开便宜又好用的药
人物特点二	说明韩医生是一个坚持原则、有职业操守的人

八、心理补写题

【1】第⑩段中的省略号省去了哪些内容？请发挥想象力补充小徒弟此刻的心声。

【2】请结合上下文，合理想象，按要求在（甲）（乙）两处各补写一句话。

（甲）处补写"我"的动作：＿＿＿＿＿＿＿＿＿＿＿＿＿＿＿＿＿

（乙）处补写"我"的心理：＿＿＿＿＿＿＿＿＿＿＿＿＿＿＿＿＿

【3】请联系上下文，分析第⑨段画线句子中赵六爷的心理活动，用第一人称加以表述（不少于60字）。

此类题型旨在考查学生的理解及表达能力。在小说甚至常规记叙文的考查中，这类题型出现的频率越来越高。

作答该类题型，需要结合上下文内容，切忌天马行空。因为补写的心理活动要符合情节内容、人物身份、人物性格等要素，而这些要素需通过阅读全文去捕捉。

题目	错误示范	解析
"我"从父母的话里得知老水手就是"我"的叔叔于勒，请结合上下文补写"我"当时的心理活动。	学生甲：原来他就是于勒叔叔，他怎么混成这样了呢？真是没出息！	该答案与人物形象不符——从全文来看，"我"是善良的，对于勒叔叔是抱以同情的，不会这样批判他。
我父亲突然好像不安起来，他向旁边走了几步，瞪着眼看了看挤在卖牡蛎的身边的女儿女婿，就赶紧向我们走来。他的脸色十分苍白，两只眼也跟寻常不一样。他低声对我母亲说："真奇怪！这个卖牡蛎的怎么这样像于勒！"	学生乙：这就是我日思夜想的于勒叔叔，我终于见到他了！	该答案与情节不符——"我"对于勒叔叔并没有日思夜想。
…… 母亲回来了。我看出她在哆嗦。她很快地说："我想就是他。去跟船长打听一下吧。可要多加小心，别叫这个小子又回来吃咱们！" （节选自【法】莫泊桑《我的叔叔于勒》）	学生丙：于勒叔叔真厉害呀！果然和他们描述的一样——他一回来我们全家人就能过上好日子了。	该答案与情节不符——"我"见到于勒叔叔的时候，他混得并不好。

参考答案：

原来这就是爸妈念叨了多年的于勒叔叔，他看起来并不是爸妈口中的"厉害人物"。我的于勒叔叔啊，您到底经历了什么，让您变成了今天这般沧桑的模样？

心理补写题答题原则

一"我" —— 使用第一人称

两吻合 —— 吻合情节、身份

吻合中心指向

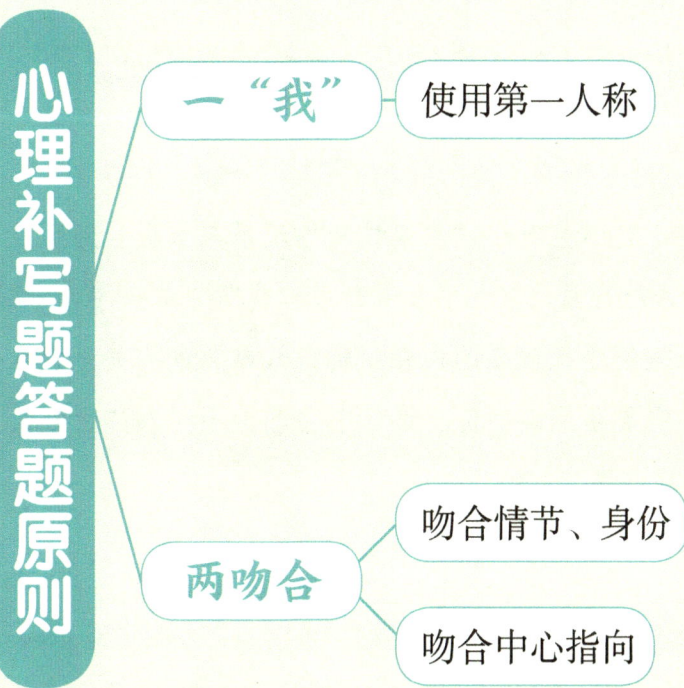

注：心理补写题需紧密结合全文作答，故不设片段练习。

九、人称作用题

精选题目

【1】小说常采用第一人称或第三人称的叙事角度。请说说下面两部小说所采用的叙事角度，并结合故事内容分析这两种叙事角度各有什么好处。

①《骆驼祥子》 ②《童年》

【2】小说是以第三人称展开的，可是在结尾处却出现了第一人称"我"，这一人物的设置与《我的叔叔于勒》中的"我"有什么不同？

【3】本文主要以第三人称叙述，请说说这样安排的妙处。

华老师解读

此类题型旨在考查学生对小说叙事技巧的理解与掌握。题型从易到难分别为：判断人称视角、判断人称视角及其作用、判断人称视角并结合内容分析其作用。

如果不能真正理解小说叙事的内在逻辑，只靠背诵相关知识点，便不能应对各种试题。因此，同学们要在品读小说的过程中去感受不同人称带来的阅读体验，进而真切地感悟不同人称在叙事中的作用。

题目	错误示范	解析
《简·爱》与《海底两万里》都是采用第一人称来写的，采用这种叙述视角的好处是什么？	学生甲：可以拉近与读者的距离，便于直接对话和抒情，增强感染力。	该答案是使用第二人称叙事时所能达到的效果。
	学生乙：能够比较直接和客观地展现丰富多彩的生活，不受时间和空间的限制，反映现实比较灵活、自由。	该答案是使用第三人称叙事时所能达到的效果。
	学生丙：便于由叙事转向对话与抒情，表达强烈、真挚的情感。	该答案是由第一人称、第三人称转向第二人称叙事时所能达到的效果。

参考答案：

用第一人称"我"作为小说的叙述者，能使读者读来感觉真实可信；同时，以"我"的视角观察身边人物的行为举止，能更好地表现其他人物的形象特点。

人称作用题答题思路

第一人称
- 增强文章的真实性
- 作为线索，贯穿全文
- 通过"我"的见闻表现人物形象
- 便于抒发作者情感，揭示主旨

第二人称
- 拉近与读者的距离
- 用于物，起到拟人化的作用
- 便于直接对话和抒情，增强感染力

第三人称
- 不受时空限制，便于作者自由把握
- 客观、冷静

注：人称作用题需紧密结合全文作答，故不设片段练习。

我的收获笔记

篇一《示爱》

*写人叙事类记叙文

①女儿常常给我灌迷汤。我的文章写好了，念给她听，她总是再三赞叹："妈，你写得真好！你真的好棒哦！"

②女儿听完不算，还总要把稿子拿过去，自己再看一遍，一副爱不释手的模样，这使我的虚荣心得到了极大的满足。

③我偶尔买了新衣，在镜子前试穿时，女儿总会在一旁全程参与，并不厌其烦地跟我说："这件衣服真好看！以后你不穿了，不要送给别人，就送给我好吗？"

④家里的白板上，不时地会出现一些道谢或道歉的话，甚至一些示爱的文字。有时，我在学校上了一天课，精疲力竭地回家，看到女儿上学前在白板上留了这样的话："亲爱的爸妈，你们辛苦了！我爱你们！女儿敬上。"

⑤霎时间，疲累全消，觉得人生并非毫无意义。

⑥那年，父亲过世已有一段时日，母亲心情抑郁，寡言少语。为了排解她的寂寞，我们接她北上同住。母亲一向手脚伶俐，在那一段时日里，她总是抢着帮我做饭。我当时除教书外，还得去上博士班的课程，有了母亲的帮忙，我少操了不少心，不论是工作上还是精神上，都受益良多。

⑦一日，我在理工学院上完早上的四节课，又赶着下午两点去东吴大学当学生。在驱车回家的途中，我想起这些日子以来，每次急匆匆地踏进家门，母亲都会及时端出热腾腾的饭菜。相较于以往潦草的简餐，有母亲在的日子，实在是太幸福了。而我

尽管早就有这样的感觉，为什么从来未曾向母亲表达内心的感受呢？我不是常常因为女儿的甜言蜜语而觉得精神百倍吗？难道我的母亲就不想听她女儿的感谢吗？

⑧车程蛮长的，我有足够的时间来培养勇气。我决定一进门就启齿。然而，房门一打开，母亲赶忙迎上来，从我手中接过公文包，说："回来了！吃饭啰……"我突然一阵害羞，因而错失了时机。我决定再接再厉，对自己说："没关系，第一次总是最难的，跨过了这一关，以后就简单了。"

⑨吃饭时，我一直在伺机行动，以至于显得有些心不在焉，几次答非所问。母亲问我："你今天是怎么了？为什么奇奇怪怪的？"

⑩我开始佩服女儿了，她为什么总能把感情表达得如此自然，一点儿也不别扭，而我却这般费力！饭吃完了，我还是没说，心里好着急，再不把握机会，这句话恐怕只能永远藏在心里了。

⑪一顿饭的时间过得很快，我放下筷子，低头看着空碗，感觉胸膛里有战鼓在擂动。我深深吸了口气，说："妈！我觉得自己好幸福！四十几岁的人，还有妈妈做了热腾腾的饭菜等我回来吃。我爱您，妈妈！"

⑫我头都不敢抬地很快说完，也不敢去看母亲的表情，便急急地奔进书房，取了下午要带的书，仓促地夺门而去。

⑬那天傍晚，我从学校回来，悄悄地打开门进屋。母亲已在厨房忙着，我发现自从父亲过世后就不曾开口唱歌的母亲，居然又恢复了以前的习惯——在厨房里一边择着菜，一边唱着歌。

（作者：廖玉蕙/有改动）

概括题

请通读全文，把全文分为两部分，概括内容。

人物一：（第一部分：①至⑤段）女儿。

主要事件一：通过语言或文字向"我"示爱。

结果："我"疲累全消，感受到了人生的美好。

人物二：（第二部分：⑥段至结尾）"我"。

主要事件二：勇敢地向妈妈说出了感谢的话。

结果：妈妈恢复了往日的快乐心情。

语言赏析题

请赏析⑫段中画线的句子（从人物描写的角度）。

⑫我头都不敢抬地很快说完，也不敢去看母亲的表情，便急急地奔进书房，取了下午要带的书，仓促地夺门而去。

手法：运用动作描写。

词语："头都不敢抬""急急地"写出了"我"的仓皇和局促。

情节：表现了"我"鼓起勇气向妈妈说出感激的心里话时那种很害羞又很难为情的紧张心理。

中心：表达了"我"对母亲羞涩的爱。

句段作用题

文章主要写"我"对母亲示爱，为什么还要在开头用一定篇幅来写女儿的表现呢？

结构：①照应标题"示爱"；②女儿的赞美和示爱，让"我"感受到了爱与温暖以及人生的意义，这为下文"我"想到向母亲示爱做了铺垫。

内容：③正是女儿的甜言蜜语，促使"我"反思自己的不善表达，教会"我""爱要趁早说出来"；从这种意义上说，女儿成了"我"的情感导师。④加强了文章主题的表达，女儿向我示爱，我也学会了向母亲示爱，爱意与温暖在三代人之间传递。

效果：（无）

标题作用题

标题"示爱"有什么作用？

线索：作为线索，贯穿全文。

主人公：（无）

主要事件：点明文章的主要事件。

中心：要勇敢表达出对亲人的爱。

悬念：设置悬念，激发读者的阅读兴趣。

手法：一语双关。

最终呈现：**该标题作为线索，贯穿全文；不仅点明文章的主要事件，而且通过设置悬念激发了读者的阅读兴趣。标题一语双关，既是指（情节）**文中女儿向"我"示爱、"我"向母亲示爱，**又揭示了（中心）**"要勇敢地向亲人表达爱意"。

中心主旨题

作者通过书写自己与女儿、母亲之间的事情，抒发了哪些感悟？

①亲人之间的关怀与爱弥足珍贵。
②要勇敢地表达出对亲人的爱。
（根据标题可以把握情感方向）

篇二《谢谢你，盛装莅临我的成长》

＊写人叙事类记叙文

①小学二年级时的班主任，是个不怒自威的退伍军人。平日里话不多，习惯用眼神制止并解决纷争与事端。

②对男生，他实行军事化管理。课间十分钟，其他班的男生疯得东倒西歪，我们班的男生则挺拔地站立着，有序地排队，轮流着立定跳远，玩得像上课一样规规矩矩又铿锵有力。

③对女生，他力推淑女教育。说话要不疾不徐，微笑要张弛有度；裙子要过膝，不许撩起下摆擦汗，不能光脚穿凉鞋；坐不能弯腰驼背，站不能含胸低头；课外少看电视多看书，每天练习毛笔字……

④乡村的孩子平时散养惯了，一个个野得像泼洒一地的阳光，哪里收得住？一学期过去，没几个能真正坚持下来的。做得最好的，是和我们同班的他的女儿。我们既同情她的别无选择，又钦佩她的与众不同。她不是班上最漂亮的女孩，却自有一种说不出的美，眼中闪烁着看得见摸得着的柔软和善意。连最捣蛋的男生路过她身边时，都会不由自主地屏声敛气。

⑤多年后，在家乡的街头，她穿一袭蓝底白花的连衣裙，绾着低低的发髻，静静地站在那里。嘈杂如水，流到她身边，却自觉地绕道而行。有人和她打招呼，她轻轻地点头，微笑致意，温婉得既优雅高贵又接地气。

⑥原来，她被打磨出来的与众不同的美，过去叫教养，现在叫气质。

⑦初一时的语文老师，是个有着慢条斯理智慧的老头儿，他惩戒我们的惯用伎俩是写检讨。检讨的标准直接照搬作文要求：文笔要好，感情要真，题材不限，风格却要自成一家，字数不能少于800，字迹要工整。

⑧有一回上课，他故意迟到了几分钟。不待他道歉并解释原因，台下一片亢奋叫喊："写检讨！写检讨！写检讨！"他也不恼，乐呵呵地看着我们，眼里的宠溺能淹没掉每个人。

⑨从此，他再也没有让我们写过检讨，却要求大家把写检讨的标准落实到平时的

日记中，日记不许胡乱应付"差事"，如果我们能保证质量，可以变"日记"为"周记"。算算，虽要求高了，但作业少了，我们欣然同意了。

⑩毕业后和同学们去看望他，说起这段往事，他笑："小小少年是一块块璞玉，但雕琢要讲究方式和技巧。写检讨是假，练字练笔才是真。"然后他转过头，对我说："你的字，有蝇头小楷的功底；你的周记，也最好看。"

⑪原来，我们最终学会的，是不要错过更好的自己。

⑫高二时的语文老师，是个忧郁的诗人。他为人低调又不羁，平时见他背影的机会比正面还要多。有一次上课讲诗歌的结构与特点，他找来了几本自己以前写的诗集。讲台上的他，眼神干净明亮，有一种未经世事的洁白，像正在做梦的少年。他一字字念，一句句写，一段段讲其间饱满的感情、丰富的想象、和谐的音韵，以及写诗的心境和曾经沉睡的梦想。讲到动情处，他的眼中闪出一种异样的光彩，眼神比远方还远。

⑬课后很久，我心里仍澎湃得静不下来。那是我第一次感受到了诗歌的美，它干净清丽，美好亲切，散发着梦想的味道。最难得的是，它离我这样近，一声轻唤足以叫醒我，而不只是远远地隔空感动我。

⑭后来，我开始偷偷写诗，不在乎写得好不好，不去想有没有用，也不在意是否有人懂，愿意写下去并能很好地写出来，对自己而言已经足够。

⑮原来，梦想是一种让你觉得坚持就是幸福的东西。

⑯德国哲学家雅斯贝尔斯说过："教育的本质意味着一棵树摇动另一棵树，一朵云推动另一朵云，一个灵魂唤醒另一个灵魂。"

谢谢你，盛装莅临我的成长……

（作者：汪微微/有改动）

请仿照示例，概括文章另外两个部分的内容。

①～⑥段：小学班主任用不同的管理方法帮助学生打磨气质。

⑦～⑪段：

人物： 初中语文老师。

主要事件： 用写检讨、记周记的方法帮助学生遇到更好的自己。

⑫～⑮段：

人物： 高中语文老师。

主要事件： 用饱含情感的诗歌教学唤醒"我"的梦想。

(保持示例格式)

概括题

请从修辞的角度赏析选文第④段画线的句子。

乡村的孩子平时散养惯了，一个个野得像泼洒一地的阳光，哪里收得住？

手法： 比喻、反问。

词语： "泼洒一地的阳光"写出了乡村孩子的无拘无束。

情节： 表现了孩子们的难以管教。

中心： 表达了小学班主任教育方式的施行之难。

语言赏析题

选文第⑤段作者为什么细致描写小学班主任的女儿？

结构： 承接上文对班主任女儿不同于其他乡村孩子的描写。

内容： 细致描写小学班主任女儿优雅高贵又接地气的气质，突出了老师"力推淑女教育"方法的成功，表现了老师有远见和教育有方。

效果： 突显了人物形象。

句段作用题

标题作用题

选文的标题有什么作用?

线索: 作为线索,贯穿全文。

主人公: "你"是指作者不同阶段的老师,是文章的主要写作对象。

主要事件: 意为老师们用独特的教育方法帮助"我"成长,带给"我"深远影响。

中心: 表达"我"对老师们的感激、赞美、敬佩之情。

悬念: 设置悬念,激发读者的阅读兴趣。

手法: 一语双关。

最终呈现: 该标题作为线索,贯穿全文,并且通过设置悬念激发了读者的阅读兴趣。"你"是指作者不同阶段的老师,是文章的主要写作对象。**标题一语双关,既指(情节)老师们用独特的教育方法帮助"我"成长,带给"我"深远影响,又表达了(中心)"我"对老师们的感激、赞美、敬佩之情。

中心主旨题

表达了作者怎样的情感?

几位老师用独特的教育方法,帮助"我"成长,带给"我"深远影响,表达了"我"对老师们的感激、赞美、敬佩之情,也表达了"我"对"受好教育"这件事的由衷认同。

(从标题和结尾可以把握情感方向)

篇三《冷暖人生》

* 写人叙事类记叙文

①一场突如其来的暴雨让人措手不及。也许发生了多起交通事故，大量的车子堵在主干道上，整座城市像刺猬一样蜷缩起来。我无奈地沿着街边的屋檐往另一条车流量较少的路上走，鞋子几乎被雨水浇透了，我瑟瑟发抖。雨越来越大，我躲进了最近的一处报刊亭避雨。

②我从包内迅速掏出手机，打车软件提示没有人接单，再试试看吧！没等我的指尖碰到屏幕，耳边就传来一阵汽车的鸣笛声，我抬头一看，一辆出租车打着双闪缓缓靠近。我心中一阵狂喜，以最快的速度打开车门，钻进车里。"小伙子，淋湿了吧！"我抬头一看，<u>灰白色寸头的司机满脸热情，眼睛眯成一弯月牙，就连皱纹也显得红润饱满。</u>我哆嗦着点点头，擦了擦身上的雨水，浑身发冷，正准备换个舒服的姿势蜷一会儿。

③忽然，一个保温杯递到我眼前。"冷吧？喝口热茶！车门侧边有一次性纸杯。"司机师傅左手把着方向盘，眼睛看着前方，右手也不知从哪里掏出个保温杯在我面前晃悠着，示意我喝一口。

④<u>此刻，我最需要的正是一杯热水。我连声道谢，赶紧打开，倒了一杯，刚喝了一口，一股暖流直达丹田，浑身舒坦。</u>

⑤雨珠噼噼啪啪地落在车身上，如同热烈紧密的鼓点。雨水顺着车窗玻璃滑落下来，形成雨帘，遮住了车外被大风吹得东倒西歪的树，也包裹着车内的温暖。

⑥"嘿！怎么样？"他笑着问。我算是爱喝茶的人，逢茶便要品一品。然而眼前的这一杯茶，我实在是难以判断。这是绿茶，但闷泡时间太长，管你什么明前雀舌，还是雨前甘露，早已喝不出滋味来。但在这一刻，这茶犹如来自天堂的甘露，令我感到极大的幸福。"嗯！好茶！舒服！"我把保温杯还给他，竖起大拇指，一半真心，一半礼貌。

⑦"哟！看来我这茶泡得还算对路子！实话跟您说，其实这茶叶是我哥们儿老于给我的，好在哪儿我也不知道，要不您给我说说？"一听我的评价，司机师傅来了兴

致。我没敢接话，赶紧试着岔开话题："这么大的雨您还出车？"话一出口，他脸上的热情好像在一瞬间消退了。他用右手拍了拍保温杯，说："明天哪，我这辆车，连同我这个人，要一起退休啦。"他眼里闪过一丝黯淡的神色，"偏偏今儿下这么大雨，我后来一想，都最后一天了，下冰雹也得出车呀！"

⑧我问他："您开了多少年出租？"他伸出右手，比了个一，又比了个五。"这个数，我跑了十五年出租，到明天正好满六十，嘿嘿！退休！"我算了算，又问他："那您之前做什么呢？"

⑨大概是没有哪个乘客问过他这个问题，他像打开了话匣子，一股脑儿地跟我讲起自己的人生经历。他出身于工人家庭，子承父业，在首钢当了十几年工人。后来辞职做生意，因不善经营亏了钱。他的好哥们儿老于在他最落魄的时候拉了他一把，他就跟着老于一起开出租车。

⑩正说到这，前面红灯亮了，他踩了刹车，侧过脸看着我说："那时候我开车的手还生呢，但也得挣钱哪！老于就让我跟他开对班，他白天开，我晚上开，挣个生活费。谁知道，我这夜车一开就是十五年。""你哥们儿挺够意思啊。"我说。"他喜欢喝茶，每天交车的时候就泡杯茶留在车上给我，说晚上喝了不困。"他说。我总算知道了车上热茶的来历。"等你们俩退休了，就可以好好喝茶啦！"我笑着说。"本来是有这个打算的，但是老于他上个月心肌梗死，走了！"

⑪我有些尴尬，他拿起保温杯，喝了一口。"你说这茶是不是个挺奇怪的东西？不就是用开水冲吗？为啥我自己冲同样的茶叶，这味道就是不对呢？"我也不知道该怎么回答，两个人同时陷入了沉默。

⑫雨下得小些了。不久，车就开到小区门口了。刚下车，我就听见他对着小区门口值班的保安喊："兄弟，有热水吗？给我续一点儿。"

⑬暴雨将这座城市冲得一片狼藉。我泡了一杯绿茶，坐在窗边，看着外面来来往往的出租车。它们的外表也许相似，内里却有不同的温度，唯有在冷雨之中，才能显现出来。

⑭漫漫人生路，命是冷雨，情是暖茶。

（作者：熊德启/有改动）

请仿照示例，根据文章第①～⑪段的内容概括主要情节。

（1）"我"遇到一场突如其来的暴雨，感到很无奈。

概括题

（2）人物："我"。

主要事件：看到一辆出租车缓缓靠近。

结果："我"感到狂喜。

（3）人物：司机。

主要事件：递给"我"一个保温杯。

结果："我"很感动。

（4）人物：司机。

主要事件：对"我"说他的朋友过世了。

结果："我"感到尴尬。

请从描写的角度赏析第②段画线的句子。

灰白色寸头的司机满脸热情，眼睛眯成一弯月牙，就连皱纹也显得红润饱满。

语言赏析题

手法：运用了外貌、神态描写。

词语："灰白色"写出司机的苍老，"眼睛眯成一弯月牙"写出司机的笑意盈盈。

情节：表现了司机待人热情的特点。

中心：表达了"我"对司机良好的第一印象以及雨中遇车的喜悦心情。

句段作用题

文章第④段有什么作用？

结构： 照应标题 "冷暖人生"。

内容： 赞扬在他人遭遇坎坷时雪中送炭的真情难能可贵，加强了文章主旨的表达。

效果： 为下文 "我" 与司机就茶水展开对话埋下了伏笔。

标题作用题

标题 "冷暖人生" 有哪些用意？

线索： 作为线索，贯穿全文。

主人公：（无）

主要事件： 照应了雨天的寒冷、保温杯茶水的温暖。

中心： 揭示中心——生命中常有不顺心、难过的事情让我们感受到人生的冷酷无奈，但是只要我们常怀热情、真诚，就能使人生温暖美好。

悬念： 设置悬念，激发读者的阅读兴趣。

手法： 一语双关。

最终呈现： **该标题作为线索，贯穿全文，并且通过设置悬念激发了读者的阅读兴趣。标题一语双关，既是指（情节）**雨天的寒冷、保温杯茶水的温暖，**也是告诉我们（中心）**生命中常有不顺心、难过的事情让我们感受到人生的冷酷无奈，但是只要我们常怀热情、真诚，就能使人生温暖美好。

中心主旨题

作者通过写雨天与出租车司机之间发生的事情，抒发了哪些感悟？

生命中常有不顺心、难过的事情让我们感受到人生的冷酷无奈，但是只要我们常怀热情、真诚，就能使人生温暖美好。

（从标题及文末议论抒情句可以把握情感方向）

篇四《夏日榴花开欲燃》

*写景抒情类记叙文

①行走在初夏的早上，尽是雨后的微凉和氤氲的绿意，令人神清气爽。清晨，在小区健身廊道跑步锻炼时，忽然瞥见路边花园里有几株石榴树开花了。"只待绿荫芳树合，蕊珠如火一时开。"远看，石榴树上开满许多小喇叭似的花朵，红红的，缀满在朦胧的绿丛里，灿若烟霞。

②我不由得停下脚步，走近栅栏，来到石榴树下，仔细端详。昨夜下了一阵小雨，空气是那样清新，石榴树的枝叶上还有一层水滴。绿叶红花，点缀滴滴晶莹露水，石榴花越发显得纤细、秀美、娇艳。漫步于石榴树下的蜿蜒小径，我忽然读懂了苏轼口中的"微雨过，小荷翻，榴花开欲燃"，此诗，恰是石榴花开时节的最美写照。

③<u>红红的石榴花，一树树，一簇簇，一团团，抓人眼球，张力十足，喧闹，飞扬，充满了蓬勃的生命感。</u>望着石榴花，遐想着金秋时满树的石榴果，我的思绪又飘飞到老家的那棵石榴树身上。记不清楚是哪一年，母亲在院子里栽下了一棵石榴树。依稀听母亲说，那棵石榴树是从二姨家移栽过来的。刚栽种的时候，只有大拇指般粗细，起初我没怎么关注过它。直到几年后，石榴树枝繁叶茂，石榴花怒放，秋后果实累累，让儿时的我有了大快朵颐的美味，那棵石榴树才走进我清晰的记忆里。在零食匮乏的年代，那棵石榴树结出的果实，汁液饱满，甜而不酸，还未入口，已让人满口生津，成为我童年味蕾的一份留恋。

④石榴树很容易培植，母亲每年都通过压枝生根的方法培育幼苗，对有需要的左邻右舍和父老乡亲，母亲总是把幼苗慷慨相赠。石榴树的成长少不了母亲的精心呵护，经过几十年的生长，石榴树的躯干已有碗口那么粗，扭转着的树干向上攀缘着，斑斑驳驳，疙疙瘩瘩，仿佛写满了岁月的沧桑。每次看到那棵石榴树，我的眼前总会浮现出母亲劳作的身影。母亲用一双布满老茧的手，操持着农活和家务。石榴树的品格，不正像我的母亲吗？没有奢华的外表，却勤勤恳恳，甘于奉献。

⑤农历五月，是石榴花盛开的时节，故又称"榴月"。盛开的石榴花将安静的小庭院映衬得热闹缤纷。石榴花的花期比较长，但若遇到较大的风的吹拂，花瓣便纷纷落

下，落在地上像是铺上了一层红色的地毯，踩上去软绵绵的，有一种说不出的舒爽萦绕在心头。

⑥等到了盛夏，如伞一般的树冠下，更是成了乘凉休憩的好地方。每到这个时候，母亲便在石榴树下摆上吃饭的方桌，一家人围坐在方桌四周，迎着东南吹来的凉风，边吃饭边聊天，好不惬意。晚饭后，母亲会在树下做一些诸如纳新鞋底之类的针线活，这时候，她就给我讲岳飞、海瑞的故事，教一些做人的道理。这些都在潜移默化中影响了我的人生。在我工作后，每当遇到难以逾越的关口时，想起这些，我总能咬紧牙关坚持往前走！到十月份，是石榴的收获时节，母亲总是按成熟的先后顺序采摘，再在干燥的石榴外面包上一层纸，然后放在透气的纸箱里，让我给左邻右舍和父老乡亲送去。她也会留一些，等到春节期间拿出来招待客人。

⑦"不肯染时轻着色，却将密绿护深红。"中国人自古喜欢红色，石榴花鲜妍明媚，寓意"红红火火"，石榴又寓意"多子多福"，种植石榴树就有祈求生活红火多福之意。在我国，石榴和石榴花还有一个特殊的含义，就是象征着中华民族团结和睦、繁荣昌盛，各民族就像石榴籽那样紧紧抱在一起。让民族团结之花常开常盛，这是多么美好的期盼与祝福啊！翻开浸润着古色古香的唐诗宋词，韩愈的"五月榴花照眼明，枝间时见子初成"，杜牧的"似火山榴映小山，繁中能薄艳中闲"，李商隐的"榴枝婀娜榴实繁，榴膜轻明榴子鲜"……灿然怒放的石榴花穿过清词丽句，泛漾着脍炙人口的诗意芬芳，让人感受到中华文化的灿烂夺目。

⑧"却是石榴知立夏，年年此日一花开。"此刻，眼前的石榴花活泼、灵动，像一簇簇跳动的火苗，又像一片红艳艳的晚霞，充满生机，热烈热闹。徜徉在石榴树荫里，多种情感涌上心头。眼前的这几株石榴树，浓缩了故乡的远影，跨越了千年的诗情画意，让我感到这个初夏的清晨是如此的美好。

（作者：纪明涛/有改动）

概括题

文中的母亲是一个怎样的人？请结合文章内容，分点简要概括。

事件一：对有需要的左邻右舍，母亲总是把幼苗慷慨相赠。

形象一：慷慨无私。

事件二：母亲用一双布满老茧的手，操持着农活和家务，日复一日。

形象二：勤劳质朴。

事件三：母亲总是按石榴成熟的先后顺序采摘，再在干燥的石榴外面包上一层纸，然后放在透气的纸箱里，等到春节期间拿出来招待客人。

形象三：聪明而有耐心。

语言赏析题

请简要赏析文中第③段画线句子中加点词的表达效果。

红红的石榴花，一树树，一簇簇，一团团，抓人眼球，张力十足，喧闹，飞扬，充满了蓬勃的生命感。

手法：三个数量词叠加运用。

词语："一树树""一簇簇""一团团""喧闹""飞扬"，写出了石榴花争相绽放的热烈场景。

情节：表现了石榴花蓬勃的生命力。

中心：表达了作者对石榴花的喜爱和赞美之情。

句段作用题

如果文章不要第⑦段，读来依然完整，作者为什么还要写这一部分内容？请结合全文，简要分析。

结构：删去，文章依然完整，说明没有结构上的作用。

内容：第⑦段写了石榴的美好寓意、象征意义以及唐诗宋词中对石榴的喜爱与赞美，交代了中国人喜欢石榴的原因，表达了作者对石榴的喜爱。

效果：引用文人诗歌、民间典故，可以增强文采。

标题作用题

本文标题有哪些作用？请简要分析。

线索："石榴"是行文线索，贯穿于文章始终，串起了作者的所见、所忆、所感。

主人公："石榴"是文章的主要描写对象。

主要事件：照应文中"石榴开花"的场景。

中心：①石榴花开的生动意象，将母亲和石榴树的形象叠合在一起，赞美了没有奢华的外表，却勤勤恳恳、甘于奉献的美好品格。

②以此为题，暗蕴文章主旨，寄托了作者对儿时快乐时光的怀想、对故乡依依不舍的思念。

悬念：设置悬念，激发读者的阅读兴趣。

手法：一语双关。

最终呈现：该标题作为线索，贯穿全文，并且通过设置悬念激发了读者的阅读兴趣。标题一语双关，既是指（情节）作者关于石榴花的所见、所忆、所感，**也是（中心）**用石榴花开的生动意象将母亲和石榴树的形象叠合在一起，赞美了没有奢华的外表，却勤勤恳恳、甘于奉献的美好品格，也寄托了作者对儿时快乐时光的怀想、对故乡依依不舍的思念。

中心主旨题

文末作者说有"多种情感涌上心头"，从全文来看，作者心中会涌起哪些情感？请联系全文，分点概括。

①对秀美、娇艳的石榴花的喜爱与赞美之情。

②对质朴勤恳、甘于奉献、聪明能干的母亲的赞美之情。

③对快乐童年的留恋之情。

④对故乡依依不舍的思念之情。

（注意把握层层递进的情感）

篇五《芦花雪》

*写景抒情类记叙文

①大地褪去了斑斓的秋色，冬日如期而至。西安的冬日，地上堆积着枯黄的落叶，光秃秃的树枝在凛冽的风中颤抖。在这寒冷的季节里，总盼着温暖的春天早点到来。不由得想起城郊穆柯寨村的春天。那一望无际的芦苇荡，在和煦的暖风中，如波涛滚滚的绿色海洋，沁人心脾的芦草清香迎面扑来，一片盎然生机。

②不知道那片芦苇荡，在冬日里，又是怎样的一番景象呢？

③晨光微露，我沿着出城的公路骑行。村庄笼罩在薄雾当中，乡道上行人稀少。穆柯寨仿佛还在沉睡中，显得幽静而质朴。

④我穿过茫茫的田野，路过连片的村宅，沿着小路拐过几个弯，不一会儿，一大片漫天蔽日的芦苇荡便出现在眼前。白茫茫的苇丛层层叠叠，一直绵延到视线的尽头，与天边火红的朝阳相接。

⑤一缕缕金色的霞光透过云层洒向芦苇。一株株并肩而立的苇秆挺立着，顶着饱满的穗子，芦花摇曳，妙曼多姿。叶片和花穗上挂满了晶莹的露珠，在霞光的照耀下熠熠生辉。

⑥微风过处，洁白的芦花飘飘洒洒地飞舞着，宛若浪漫的雪花纷飞，又仿佛千万只白蝴蝶翩然展翅。此刻，每一朵芦花仿佛都是一个美妙的音符，在寒风中跳跃着，共同奏响一曲冬季恋歌。

⑦晨光尽洒，蓝天白云下，芦花如雪肆意飞扬，在水光中映出美丽的倩影。"暂时花戴雪，几处叶沉波。"眼前这迷人的画卷，为秦楚古道上苍凉沉寂的冬日，增添了一抹浓浓的诗意和几分款款的柔情。闭上眼睛，耳畔只有风的吟唱和花穗的簌簌低语，似有似无的云雀啾鸣缥缈旷远。

⑧正当我惬意地独享着这一片美好时，一阵"哗哗"的桨声由远而近。睁开眼来，只见一只小船在湖水中荡漾而来。我踏上小船，小船钻进了芦丛深处。飘扬的芦花落在浅水里水鸟的翅膀上，与洁白的羽毛浑然一体。那些觅食的水鸟立在芦苇丛中，优哉游哉地晒着太阳，偶尔用细长的嘴巴梳理自己的羽毛，偶尔钻进水里叼出一条小鱼。

船桨惊动了那些正在栖息的鸟儿，它们扑腾着翅膀飞远，激起层层细浪，掀动丛丛芦苇，抖落出蓬蓬芦花。阳光透过苇秆洒向水面，湖水如碎金子闪烁着光芒，投映在我宁静的双眸中。

⑨千百年来，时光荏苒，这片芦苇荡陪伴穆柯寨经历了漫长的岁月。穆柯寨历史悠久，村口的古树盘根错节，斑驳的树皮上写满了沧桑。如今古树历尽风霜雨雪，依然屹立不倒，陪伴着穆柯寨祖祖辈辈的乡民们，经历着一次又一次春去秋来，迎来一场又一场芦雪纷飞，这是宁静无闻的相守，让人艳羡。

⑩相传，历史上女将穆桂英曾屯兵于此，谱写了巾帼英雄之歌。不知，穆桂英是否在村口那棵枝繁叶茂的大树下沉吟苦思兵法布阵？是否走进过这一望无际的芦苇荡？阵阵芦花飘来，落在她的头顶，装点着她的发髻，那该是一幅多么令人神往的画面！

⑪一只白鹭扑腾着翅膀飞过来，停在我们的船舷上，打断了我那无边无际的遐思。小船划出苇丛，呈现在眼前的是一片开阔的湖面。艳阳高照，水天相接，芦花纷飞。

⑫冬日的芦苇荡，虽没有春天的生机盎然，没有夏天的蓬勃绿意，不似秋天的灿灿金黄，却呈现出一种让人心旷神怡的素雅风姿和寂静之美。这种美是北方的冬日所独有的，足以打动每一颗向往宁静的心。

⑬沐浴着芦花雪，我的内心也慢慢静下来，沉醉其中。

（作者：王洁/有改动）

概括题

请仿照示例，完善作者移步换景的行踪。

骑行乡道：薄雾笼罩，村寨幽静。

穿过田野：苇丛蔽日，朝阳火红。

船行苇丛：芦花洁白，水鸟飞远。

划出苇丛：湖面开阔，芦花纷飞。

（链条式、表格式概括：推行原文）

穿过田野："**我穿过茫茫的田野**，路过连片的村宅，沿着小路拐过几个弯，不一会儿，一大片**漫天蔽日的芦苇荡**便出现在眼前。白茫茫的**苇丛层层叠叠**，一直延绵到视线的尽头，与天边**火红的朝阳**相接。"

芦花洁白，水鸟飞远："飘扬的芦花落在浅水里水鸟的翅膀上，**与洁白的羽毛浑然一体。那些觅食的水鸟**立在芦苇丛中，优哉游哉地晒着太阳，偶尔用细长的嘴巴梳理自己的羽毛，偶尔钻进水里叼出一条小鱼。船桨惊动了那些正在栖息的鸟儿，**它们扑腾着翅膀飞远**，激起层层细浪，掀动丛丛芦苇，抖落出蓬蓬芦花。"

语言赏析题

请结合语境，赏析第⑦段中画线的句子。

晨光尽洒，蓝天白云下，芦花如雪肆意飞扬，在水光中映出美丽的倩影。

手法：比喻和拟人。

词语："如雪""肆意"写出了芦花的洁白和随风飞扬的不羁姿态。

情节：表现了芦花飘扬时的优美迷人，富有动态美和画面感。

中心：表达了作者对芦花的喜爱之情。

句
段
作
用
题

请简要分析第②段在全文中的作用。

结构: 承上启下（过渡），承接了上文作者在寒冬时节想起穆柯寨村春天那一望无际的芦苇荡，引出下文作者骑行去寻芦苇荡的主要内容。

内容:（无）

效果: 通过设问引发读者的兴趣和思考。

句
段
作
用
题

有同学觉得第⑨段内容应该删去，对此你有怎样的看法？

不能删。

结构:（无）

内容: 作者由眼前的穆柯寨、历史悠久的古树，引起无边无际的遐思，联想到女将穆桂英，并想象穆桂英在大树下苦思兵法布阵、走进芦花雪中的画面，从而将现实和想象画面巧妙融合，体现了穆柯寨的悠久历史，丰富了文章内容，赋予穆柯寨神秘感和历史厚重感，深化了文章主旨。

效果: 增添人文内涵，使文章更具文采。

交流会上，有同学认为本文题目可改为"穆柯寨村的冬天"，也有同学觉得可改为"冬日的芦苇荡"，你觉得这三个题目哪个更合适？为什么？

我认为"芦花雪"更好。

线索：作为线索，贯穿全文。

主人公：（无）

主要事件：文章主体部分描写了穆柯寨芦花荡中的芦花如雪花般飘舞，带给作者美的享受与无限遐思。

中心：表达了作者对让人心旷神怡的景物的沉醉与赞美以及对内心宁静的向往之情。以"芦花雪"为题，不仅能够彰显文章的主要内容，而且能够突出情感与主题。

悬念：设置悬念，激发读者的阅读兴趣。

手法：运用比喻，使文章具有诗意美和画面感，更能吸引读者。

最终呈现："芦花雪"作为线索，贯穿全文，可以通过设置悬念激发读者的阅读兴趣。相较于"穆柯寨村的冬天""冬日的芦苇荡"注重写实的景物，**"芦花雪"运用比喻手法，既指（情节）**文章主体部分所描写的穆柯寨芦花荡中的芦花如雪花般飘舞，带给作者美的享受与无限遐思，**又能表达（中心）**作者对让人心旷神怡的景物的沉醉与赞美以及对内心宁静的向往之情。**（总结）**以"芦花雪"为题，不仅能够彰显文章的主要内容，而且能够突出情感与主题，使文章更具诗意美和画面感。

（本题为开放题，三个标题都可以选择，但需言之有理）

标 题 作 用 题

有同学认为本文可以作为类文阅读编入七年级上册第一单元，请结合单元导语，说说你的看法。

日月经天，江河行地，春风夏雨，秋霜冬雪，大自然生生不息，四时景物美不胜收。本单元课文用优美的语言，描绘了多姿多彩的四季美景，抒发了亲近自然、热爱生活的情怀。

我认为可以。因为本文**主要描写了穆柯寨冬天的芦苇**，与"四时美景"的单元内容相关联。同时，语言优美生动，运用多种修辞和表现手法描摹了霞光漫照图、芦花纷飞图等迷人画面，**表达了作者对穆柯寨冬天的喜爱之情，抒发了作者向往宁静之心**，符合单元"抒发了亲近自然、热爱生活的情怀"的人文主题。

（看似开放题，实为探究本文的情感和主题）

篇六《最美的绽放》

*写景抒情类记叙文

①又是一年的春天，一个阳光和煦的午后。我和爱人漫步走出小区，在路边的花池中、草地上、绿化带里，看到涌出一丛、一簇、一抹新绿，细长嫩绿的叶子围绕着一朵或几朵淡黄色的小花，形成卷曲的团块，远看就像一朵朵国画的菊花。啊！我想起来了，那是童年的蒲公英。

②记得在童年时，每年春节过后我们就开始养蚕。而蚕最爱吃的食物之一就是蒲公英嫩叶。每当这个季节来临，课余时间我们大都三五成群地走向田野，走向地头，去寻找那竞相抽发、羽状环生的嫩黄色的幼苗，去寻找那一朵朵淡黄色的小花。

③课间时间，我们大都会从兜中掏出自己养的蚕，静静地看着那黑色的小虫啃噬蒲公英嫩叶的样子，静静地听着蚕啃食嫩叶发出的沙沙的声响。那声响似有若无，隐隐约约，似三月的春雨，又似田间乍起的春风，更似垂柳拂动水面的碧波。

④那感觉，静谧中透着惬意，悠闲中裹着探寻，嬉戏中泛出神圣。多年后我悟出，那是儿童对未知的好奇，对自然的探寻，对生命的礼赞。

⑤寒来暑往，不知不觉，我们早已远离童年，远离了那诸多的舒爽和看似简单的快乐。再看蒲公英，也早不是那养蚕的嫩叶，而是祛病的"仙草"。记得有次出差，同事因为连续转车，奔波劳顿，一觉醒来，牙龈红肿。

⑥出门在外，找个医院都大费周折，找个牙科门诊更是费了一些时间。好不容易找到了，牙医开出的药方竟和我们出门时带的药大致相同，无非是头孢氨苄、甲硝唑之类的消炎药。连续吃了两天，竟看不到什么效果，那肿却愈加明显起来。当时，同事的半边脸都肿得变了形。

⑦刚巧，宾馆的服务员送来一些晒干的蒲公英，说是泡水喝，清热祛火，消肿散结。这样连续喝了几天，不承想，那肿竟然散去了大半儿。

⑧此刻，我和爱人沿着中原路一路南行。透过路旁花池低矮的灌木丛，我们看到一株株翠绿的蒲公英散落在花池当中，星罗棋布。在嫩绿的叶苗中央，簇拥着的是几茎淡黄色的小花，或是锥形的黄色蓓蕾，一个个矫首仰望，仪态万方，绰约多姿。不

一会儿，一个不大的透明的塑料袋里已经装满了这嫩绿色的、油油的叶苗。

⑨回到家，顾不上做饭，我便欣喜地把蒲公英用清水冲洗干净，散放在篦子里，端到楼顶的天台上，迎着阳光晾晒。4月的阳光已很见温暖，只一日，便见那刚才还摇曳生姿、生机勃勃的翠绿已经枯萎一片，只是那顶着淡黄色蓓蕾的细长的茎梗，还略显执拗地僵立着，完全没有将要枯死的衰颓。

⑩两天后，我突然发现，那些黄色的小花，锥形的黄色蓓蕾竟全都不见了，代之的却是一个又一个白色的丰满的圆球，它们就那样绽放在已经干瘪的蒲公英的茎秆上。

⑪原来，生命完美的顶点，是小黄花淋漓尽致喷薄的菁华，是蒲公英拼尽全力最后刹那间的绽放，是凤凰涅槃般的重生。一朵朵洁白的蒲公英球状花序粲然绽放，在那轻柔雪白绒毛的末端，连接的是一个细小的褐色的针形的蒲公英种子。不，它不是简单的种子，而是黑色的精灵；不，它也不是黑色的精灵，而是一个个不朽的生命传奇。

⑫我突然感到，这白色的"伞"，像极了母亲在田野中耕作时头上的白发。那一点点，一丛丛，一簇簇，飘飞着的白色的"伞"，在田野的上空，从东飞到西，从南飘到北，慢慢地飞向天边，渐行渐远……

⑬那一刻，我小心地捧起一个又一个干瘪的蒲公英，慢慢地向楼顶的最边缘走去。我小心地用手搓下那白色的小伞，捧在手心，面对楼下的原野，用力地向空中吹去。顿时，只见眼前飘起一片轻盈飞舞的"梦的小伞"，一朵、两朵、百朵、千朵……细细密密，纷纷扬扬，漫天飞舞。

（作者：张宪/有改动）

概括题

本文写了哪几件与蒲公英有关的事情？

时间一：童年时。

人物一：我们。

主要事件一：用蒲公英嫩叶养蚕。

结果一："我"感受到生命的情趣。

时间二：成年后，出差时。

人物二：宾馆服务员。

主要事件二：晒干的蒲公英减轻了同事牙龈肿痛的症状。

结果二："我"明白了蒲公英的药用价值。

时间三：现在。

人物三："我"。

主要事件三：亲自采摘、晾晒蒲公英。

结果三："我"悟出了蒲公英的生命真谛——牺牲自己，传承生命。

语言赏析题

第③段画线句子运用了什么修辞方法，有什么作用？

③课间时间，我们大都会从兜中掏出自己养的蚕，静静地看着那黑色的小虫啃噬蒲公英嫩叶的样子，静静地听着蚕啃食嫩叶发出的沙沙的声响。那声响似有若无，隐隐约约，似三月的春雨，又似田间乍起的春风，更似垂柳拂动水面的碧波。

手法：比喻。

词语："春雨""春风""碧波"写出了蚕啃食嫩叶时声音的细小与温柔。

情节：表现了"蚕"啃食蒲公英嫩叶时宁静安逸的情形，以及"我们"看蚕啃食嫩叶时的认真与专注。

中心：表达了当时"我们"体会到生命情趣后的静谧与喜悦。

句段作用题

第①自然段在文中有何作用？

结构：总领全文，引起下文。

内容：交代写作对象。

效果：渲染温馨美好的氛围。

句段作用题

请谈一谈第⑤段在文中的作用。

结构：承上启下（过渡段），承接上文童年时"我们"用蒲公英的嫩叶养蚕，引出下文同事喝了蒲公英水清热祛火、消肿散结。

内容：总结童年记忆中的蒲公英印象，点出作为祛病"仙草"的蒲公英。

效果：设置悬念，激发读者的阅读兴趣。

句段作用题

请结合全文内容，谈一谈第⑨段在文中的作用。

结构："我"晾晒蒲公英做药用，**照应上文**用蒲公英治病的经历；准确地描绘蒲公英晾晒后的状态，**照应**采摘蒲公英时的描写。在4月阳光的暴晒下，叶的枯萎与茎的僵立形成对比，**为下文**写蒲公英孕育种子**做铺垫**。

内容：写出了"我"晾晒蒲公英时的急切和仔细，表达了"我"对蒲公英的珍视。

效果：将蒲公英的状态变化写得充满波折，更能激发读者的阅读兴趣。

文章为什么拟题为"最美的绽放"？请结合具体内容，谈谈你的理解。

标题作用题

线索：作为线索，贯穿全文。

主人公：（无）

主要事件：照应文中蒲公英"牺牲"前成全种子绽放的内容。

中心：蒲公英花朵颜色淡雅，蒲公英开花唤起了"我"对童年的美好记忆，让"我"懂得了生命的情趣，感受到了生命的美好；蒲公英能治病，本就是美好的存在，被暴晒的蒲公英"牺牲"茎叶成全种子的绽放，无私传承生命。

悬念：设置悬念，激发读者的阅读兴趣。

手法：一语双关。作者在后文中将蒲公英比作无私奉献的母亲，看作世界上最美的存在、最无私的生命绽放。

最终呈现：该标题作为线索，贯穿全文，并且通过设置悬念激发了读者的阅读兴趣。标题一语双关，既是指（情节）蒲公英开花唤起了"我"对童年的美好记忆，让"我"懂得了生命的情趣，感受到了生命的美好；也是指蒲公英能治病，本就是美好的存在，被暴晒的蒲公英"牺牲"茎叶成全种子的绽放，无私传承生命；**更是（中心）**将蒲公英比作无私奉献的母亲，看作世界上最美的存在、最无私的生命绽放。

中心主旨题

作者写自己与蒲公英的渊源是想表达哪些情感？

蒲公英能用来养蚕，能治病救人，会拼尽全力孕育自己的种子。

通过这些事情，作者认为蒲公英就像无私奉献的母亲，是世界上最美的存在、最无私的生命绽放，表达了作者对无私奉献者的赞美、敬佩与歌颂。

（总结"渊源"，点出情感：注意从标题和文末议论抒情句入手把握）

篇七《吴召儿》

* 小说

①我们的机关搬到三将台，是个秋天，枣儿正红，芦苇正吐花。这是阜平东南一个小村庄。我们来了一群人，当天就劈柴做饭，上山唱歌，一下就和老乡生活在一块儿了。

②那时我负责组织民校识字班，妇女组识字班的课程第一是唱歌，歌唱会了，剩下的时间就碰球。山沟的青年妇女们，碰起球来，真是热烈，整个村子被欢笑声浮了起来。

③有一天，我翻着点名册，随便叫了一个名字："吴召儿！"在人群末尾，站起一个女孩。她正在背后掩藏一件什么东西，好像是个假手榴弹，坐在一处的女孩子们望着她笑。她红着脸转过身来，笑着问："念书吗？""对！你念头一段，声音大点儿。"她端正地立起来，两手捧着书。她书念得非常熟快动听。就是她这认真的念书态度和声音，不知怎样一下就印进我的记忆。下课回来，走过那条小河，我听到了只有在阜平才能听见的那紧张激动的水流的声响，听到在这山草衰白柿叶霜红的山地，还没有飞走的一只黄鹂的叫唤。

④十一月反"扫荡"①。我当了一个小组长，村长给我们分配的向导老不来。我就跑到村长家。村长散披着黑羊皮袄正忙里忙外，看见我笑着说："男的分配完了，给你找个女的！"我急了，说道："女的能行吗？"村长笑道："能！女自卫队的队员！就来。"

⑤一个女孩子跑过来。穿着一件红棉袄，一个新鲜的白色挂包，斜在她的腰里，装着三颗手榴弹。"这是'反扫荡'，红衣裳的目标大呀！"村长抱怨道。"尽是夜间活动，怕什么，我没有别的衣服，就是这一件。"女孩子笑着说。"走吧，同志！"说着就跑下坡去。在路上，她走得很快，我跑上前去问她："我们先到哪里？""先到神仙山！"她说着回过头来一笑，这时我才认出她就是那个吴召儿。

⑥"你们跟着我，保险不会挨饿。我姑家在神仙山上，她家的倭瓜又大又甜。我叫她给你们熬着吃个饱吧！"她说。

73

⑦天黑我们到了神仙山的脚下。这座山极高，极危险。石头很大、乱堆。她爬得很快，走一截就坐在石头上望着我们笑，像是在这乱石山中，突然开出一朵红花，浮起一片彩云来。

⑧北斗星转下山去，我们才到了她的姑家。"这都是我们的同志。"吴召儿大声对她姑说，"快给他们点火做饭吧！"老婆子拿了一根麻秸，在灯上取着火，就往锅里添水。吴召儿和她姑有说不完的话。"你爹给你买的新袄？"姑问。"他哪里有钱，是我给军队上纳鞋底挣了钱换的。""念书了没有？""念了。"每天黎明，吴召儿就把我唤醒，一同到那山顶上去放哨。山顶上有一丈见方的一块平石，长年承受雨水，被冲洗得光亮又滑润。我们坐在那平石上，月亮和星星都落到下面去，我们觉得飘忽不定，像活在天空里。

⑨这一夜下起大雨来，雨下得那样暴，在这样高的山上，我们觉得不是在下雨，倒像是沉落在波浪滔天的海洋里，风狂吹着，那块大平石也像要被风吹走。

⑩吴召儿紧拉着我爬到大石的下面，我们紧挤着听四下里山洪暴发的声音，雨水像瀑布一样，从平石上流下，我们像钻进了水帘洞。吴召儿说："这是暴雨，一会儿就晴。""你怕吗？"我问。"不怕，常遇到，今天更不怕。""为什么？""领你们来，身上负着很大的责任呀，我顾不得怕。"她的话同雷雨闪电一同响着，永远记在我的心里。

⑪一清早我们就看见从邓家店起，一路的村庄，都在着火冒烟。我们看见敌人像一条虫，在山脊梁上往这里爬行。一路不断响枪，那是各村伏在山沟里的游击组。吴召儿说："今年敌人不敢走山沟了，怕游击队。可是走山梁，你就算保险了？兔崽子们！"

⑫敌人的目标，显然是在这个山上。吴召儿把身上的手榴弹全拉开弦，跳起来说："你去集合人转移，我去截他们一下。"她在那乱石堆中，跳上跳下奔着敌人的进路跑去。我喊："红棉袄不行啊！""我要伪装起来！"吴召儿笑着应道。一转眼的工夫，她已经把棉袄翻过来。棉袄是白里子，这样一来，她就活像一只逃散的黑头的小白山羊了。一只聪明的、热情的、勇敢的小白山羊啊！

⑬她登在乱石尖上跳跃着前进。那翻在里面的红棉袄，还不断被风吹卷，像从她的身上撒出的一朵朵的火花，落在她的身后。当我们集合起来，从后山上跑下，跳入

山下那条激荡的大河的时候,听到了吴召儿在山前连续投击的手榴弹爆炸的声音。

⑭不知她现在怎样了。我能断定,她的生活和历史会在我们这一代生活里放光的。

(作者:孙犁/有改动)

【注释】①抗战时期,日本侵略军对敌后抗日根据地实行"烧光、抢光、杀光"的"三光政策",称为"扫荡";敌后抗日根据地军民打击、粉碎其行动的斗争称为"反扫荡"。

环境描写题

文章开篇画线句的环境描写有何作用?

我们的机关搬到三将台,是个秋天,枣儿正红,芦苇正吐花。

交代: 交代故事发生的时间与地点(秋天、三将台)。

渲染: 写出秋天的生机与热烈,渲染了一种轻松、欢快的气氛。

烘托: 烘托出了我们闲适的心情。

推动: 为下文情节的展开蓄势。

揭示: (无)

环境描写题

文章第③段的环境描写有何作用?

下课回来,走过那条小河,我听到了只有在阜平才能听见的那紧张激动的水流的声响,听到在这山草衰白柿叶霜红的山地,还没有飞走的一只黄鹂的叫唤。

交代: (无)

渲染: 写出了轻松愉悦、宁静祥和的氛围。

烘托: 烘托出了"我"内心的愉悦。

推动: 承接上文,引出回忆,为下文情节展开做了铺垫。

揭示: 表达吴召儿认真动听的读书声给"我"留下了深刻美好的印象。

文章第⑧段的环境描写有何作用？

山顶上有一丈见方的一块平石，长年承受雨水，被冲洗得光亮又滑润。我们坐在那平石上，月亮和星星都落到下面去，我们觉得飘忽不定，像活在天空里。

交代：（无）

渲染： 写出了平和安宁的氛围。

烘托： 写出了山顶的高和月夜的梦幻美，烘托出了吴召儿的勇敢与纯净。

推动： 与上文情节相呼应。

揭示： 表达了小说所反映的人性美。

文章第⑨段的环境描写有何作用？

这一夜下起大雨来，雨下得那样暴，在这样高的山上，我们觉得不是在下雨，倒像是沉落在波浪滔天的海洋里，风狂吹着，那块大平石也像要被风吹走。

交代：（无）

渲染： 写出了雨之大，风之狂，渲染了环境的恶劣。

烘托： 烘托出了人物形象。

推动： 为下文吴召儿与"我"对话，突出她的形象做了铺垫。

揭示： 表现了吴召儿不怕困难、有责任心、勇敢无畏、顽强不屈的英雄形象。

文中的吴召儿除了认真、聪明之外，还有哪些优秀品质？

人物赏析题

描写一： "你们跟着我，保险不会挨饿。我姑家在神仙山上，她家的倭瓜又大又甜。我叫她给你们熬着吃个饱吧！" "领你们来，身上负着很大的责任呀，我顾不得怕。"（语言描写）

形象一： 爽快、直接、体贴、有责任心。

描写二： "走一截就坐在石头上望着我们笑"。（动作、神态描写）

形象二： 乐观开朗。

描写三： "她登在乱石尖上跳跃着前进。那翻在里面的红棉袄，还不断被风吹卷，像从她的身上撒出的一朵朵的火花，落在她的身后。"（外貌、动作描写）

形象三： 纯净美好。

事件： "每天黎明，吴召儿就把我唤醒，一同到那山顶上去放哨。"

形象： 有责任心。

心理补写题

第⑬段讲到吴召儿去截击敌人，请结合小说相关内容，补写吴召儿截击敌人时的心理活动。

示例： 哼，这些可恶的兔崽子们，还想扫荡我们，门儿都没有！同志们一定会平安转移的，我一定会掩护好他们！让兔崽子们好好尝尝我这手榴弹的威力！

（使用第一人称，符合人物"勇敢""直接"的特点）

人称作用题

小说以"我"的视角讲述了红衣女孩吴召儿的生活与战斗故事，请结合小说内容，说说以第一人称叙事有什么作用。

用第一人称"我"作为小说的叙述者，可使读者感觉**真实可信**；同时，以"我"的视角观察身边人物的行为举止，能更好地表现出那一时代人们对革命的热情追求与坚守（**通过"我"的见闻表现人物形象，便于抒发作者的情感，揭示主旨**）。

中心主旨题

文章最后一段写道："我能断定，她的生活和历史会在我们这一代生活里放光的。"请结合小说内容，说说你对这句话的理解。

吴召儿乐观自信、勇敢无畏的精神以及革命热情感染着他人。在那段抗战岁月中，吴召儿表现出的爱国情怀、乐观积极的生活态度、坚毅不屈的抗战精神必将得到代代传承与发扬。这段话表达了作者对广大群众和革命志士及其革命精神的讴歌和赞美。

篇八《皮影二》

*小说

①韩虎让人讨厌。幕间休息时，他钻进后台摸铙摸钹、动签子，嬉皮笑脸的，撵都撵不走。每次演皮影他都来。锣鼓未响，早早坐戏场了；开演，白纱前看得不过瘾，还挤到幕后，看艺人手中的签儿上翻下撩，左杆右抖。激动起来，韩虎也跟着手舞足蹈。戏演结束，他抢着拔电线收音箱整戏筐，挡手挡脚。善存师傅拨开他，说："迟早滚蛋。五十刚出头儿，正是家里好劳力，这不是游手好闲吗？"

②善存师傅是皮影戏"非遗"传承人，县城唱影戏"一把手"，戏班的台柱子。皮影戏始于战国，兴于汉朝，盛于宋代，元代时期传至西亚和欧洲，可谓历史悠久，源远流长，可近些年不可避免地衰落了。但善存师傅不信这个邪，他要求戏班"没有观众也开戏"。传了多少代了嘛，好东西得留下。"要是真没人看呢？"有人打趣，"那就给老天爷演！"善存师傅心想，咋能没人呢？不是有韩虎吗？

③时代变化太快啦，眨眼剧团一个接一个没了。不说演皮影，就是看皮影的也没有几个了，都去刨钱了。——白天刨，晚上回来想着第二天怎么刨。

④善存师傅观察着呢。说是不景气，皮影戏还是有人看，尤其是上了年纪的人。越来越多的老年人进了城，对新潮的娱乐不感兴趣，除了抱孙子带孩子又没其他去处，便慢慢聚集了些皮影戏的观众来。老人们听腔儿看影儿，图的是消磨时间，怀念过去的味儿嘛。这让善存师傅高兴。他领着戏班在文化广场演戏，一周一次，棒打不挪。精彩处，稀稀拉拉的观众热烈鼓掌，戏班演得更来劲儿。

⑤近段更不一样，观众里添了几张陌生面孔，还有个年轻人，多难得呀！善存师傅对戏班说："一定要把他们牢牢吸引住！"

⑥可是这当口儿，善存师傅在回家的路上摔了一跤，胳膊折了。

⑦影戏全靠两只胳膊"挑签子"，折了胳膊怎么挑嘛！

⑧戏班艺人眉头一皱，计上心来："让皮影二上。"

⑨皮影二就是令人讨厌的韩虎。他次次都来，时间久了，戏班人都叫他"皮影二"。"皮影一"是谁？当然是善存师傅。

⑩让皮影二上，善存师傅坚决不同意。为啥？韩虎正值壮年，上有老下有小，是撑家的柱子。现在演影戏可是一分钱挣不着，要赔上大量时间学技术、记唱词，戏班人少，还得兼锣鼓铙钹。善存师傅的三个哥哥就是顾着养家，先后放弃了。把韩虎这个撑家的柱子拉来，弄这不刨钱还要出钱付电费置买"家当"的营生，是害人家嘛。

⑪可是又不能不演，善存师傅一咬牙："他挑签子，我唱。伤好了撵他走。"

⑫这周演《兄妹开荒》。鼓先响了三下。这是提醒，听戏的停下喧嚣，演戏的准备好手脚。善存师傅看看韩虎。韩虎一头的汗，也斜眼瞟他。

⑬"你又不是没鼓捣过。"平素戏班小憩，韩虎偷偷拿了签子比画来比画去，善存师傅没少瞪他，有时也装作没看见。

⑭"我怕……怕坏了师傅名声。"

⑮"我不是你师傅。"善存师傅踢踢韩虎的脚后跟儿，"脚扎稳，胳膊放松。"

⑯鼓点儿起来，善存师傅开了口："雄鸡雄鸡高呀么高声叫，叫得太阳红又红，身强力壮的小伙子，怎么能躺在炕上做呀懒虫！"

⑰韩虎左手的签子挑动"哥哥"的身段。

⑱善存师傅继续唱道："扛起锄头上呀么上山岗，上呀……"看到韩虎手中晃动"哥哥"的草帽，肩上的锄头却歪了，善存师傅急忙要去纠正，不由得"呀"的一声低叫——胳膊打着石膏，一伸手便钻心地疼。

⑲"上呀么上山岗，岗上好呀么好风光。我站得高来望得远那么依呀嗨。"韩虎吼着嗓子接上，把善存师傅那"呀"的一声掩盖了。

⑳哇，这个讨厌的家伙唱腔粗犷豪放，明明是练过的嘛，善存师傅瞪大了眼睛：唱戏念做一体，只以为他会舞弄个签子，原来还藏着副好嗓子。

㉑纱幕上，那淳朴的妹子高高举起镢头挖那厚实的地；那懒惰的陕北汉子在妹妹的开导劝诫下，终于挥舞起锄头，撑起边区艳阳天。哥哥妹妹卖力地开荒，深情地歌唱。

㉒观众一齐鼓起掌来，看戏的年轻人也热烈地拍起了手。

㉓善存师傅伤好后举办了收徒仪式，赐了韩虎艺名。仪式上，韩虎呈出一个筐子，说："妻子儿女都很支持我，给我买了牛皮、刻刀、颜料。"善存师傅打开，是韩虎一笔一画抄的几厚本唱词，还有一摞摞雕了半截或者已经雕好了的皮子。

㉔再过一年，省城"非遗"文化调演，名单里有影戏班。善存师傅在回执主演一

栏，庄重地写下三个字：皮影二。

（作者：吕志军/有改动）

环境描写题

　　文中画线的句子都是社会环境描写，有同学觉得出现三次有些多余，只要在剧情开始用旁白呈现一次即可。你是否赞同？请结合全文内容简要分析。

　　皮影戏始于战国。兴于汉朝，盛于宋代，元代时期传至西亚和欧洲，可谓历史悠久，源远流长，可近些年不可避免地衰落了。

　　时代变化太快啦，眨眼剧团一个接一个没了。

　　现在演影戏可是一分钱挣不着，要赔上大量时间学技术、记唱词，戏班人少，还得兼锣鼓铙钹。

　　不多余。

　　交代：交代了皮影戏的发展过程、皮影戏悠久的历史和皮影戏逐渐走向衰落的背景。

　　渲染：写出了皮影戏时过境迁的凄凉落寞。

　　烘托：烘托出了坚守的人物形象。

　　推动：作为线索推动了情节的发展。

　　揭示：揭示了善存师傅对皮影文化的坚守以及韩虎对皮影戏的热爱。

小说常常运用语言描写来表现人物，请结合⑬⑭段的语言描写，分析善存师傅和韩虎的人物形象。

人物赏析题

善存师傅语言描写："你又不是没捣鼓过。"

善存师傅形象：表现了善存师傅外冷内热。他看出了韩虎首次表演前的紧张，想要安慰、开导韩虎，让韩虎轻松一些，以使演出成功举行。

韩虎语言描写："我怕……怕坏了师傅名声。"

韩虎形象：表现了韩虎对演出很在意，担心演不好坏了善存师傅的名声；体现了韩虎对善存师傅的敬重。

心理补写题

第⑫段写"韩虎一头的汗，也斜眼瞟他"，请结合上下文，写出韩虎当时的内心独白。（50字左右）

示例：没想到我真的能上台表演皮影戏了！但我好怕演不好，大伙不买账。大家笑话我不要紧，我害怕坏了善存师傅的名声……

（使用第一人称，符合人物"热爱皮影戏""尊重师傅"的特点）

人称作用题

请分析本小说在人称使用上的好处。

这篇小说使用第三人称叙述，这样**不受时空限制**，便于作者**自由把握**，也便于读者了解善存师傅、韩虎等人物；同时，由于以第三人称叙述是一种**旁观者的视角，客观而冷静**。

如果要介绍这篇小说，"文化传承""凡人伟事""匠心独守""逐梦人"四个宣传主题，你认为哪个最合适？请结合文章内容谈谈你的理解。

主旨题

示例一：我选"文化传承"。文章写了韩虎热心学习皮影戏，从坚守非遗文化的善存师傅那里传承皮影戏，这是对韩虎积极传承传统文化行为的肯定，也是对韩虎热爱传统文化精神的赞美。

示例二：我选"凡人伟事"。县城平凡普通人韩虎在演出收入低、观众少、不受关注的现状下，仍然醉心学习皮影戏，努力成为皮影戏的传承人，他这种放弃个人利益、勇担使命、有责任担当的品质，高尚而伟大，令人敬佩。

示例三：我选"匠心独守"。随着时代的发展，皮影戏无人问津，落寞衰败。但是，善存师傅作为皮影文化的传承人，表演技艺高，且无论观众多少，都要坚持演好戏，追求卓越，有工匠精神。

示例四：我选"逐梦人"。身边有很多人追求利益，热衷刨钱，放弃皮影文化传承，但善存师傅和韩虎依然心存皮影梦，肩负使命，坚持表演皮影戏，坚持把皮影文化传承发扬下去。他们都是坚持不懈的逐梦人。

（从多个角度体会作品丰富的内涵）

篇九《唢呐》

*小说

①陈德广做梦也不会想到，一向听话的儿子，竟然瞒着他，偷偷报考了艺术专业，并且在专业考试中，因为唢呐演奏，被省音乐学院录取了。

②<u>闷热的七月，太阳在半空中撒野，地上像着了火。</u>陈德广吊着一张苦瓜脸，在屋里不停地兜圈，嘴里嘬嚅着："儿大不由爹，要翻天了。"陈放站在一旁，愣愣地看着他爹，大气不敢喘。

③槐树沟男人爱吹唢呐，是祖传的。农闲时，村头村尾，都是咿咿呀呀的唢呐声。爱吹，并不代表会吹；会吹，并不意味着能吹好。前沟的钟一鸣与后沟的陈德广是他们这一代人中的唢呐高手。陈德广吹唢呐花样多，用纸团塞一个鼻孔，会用另一个鼻孔吹唢呐。嘴里嗑两个唢呐，能吹出两种不同的曲谱。最绝的是，靠住墙，脚朝上，头杵地，倒立着，照样能吹。相比之下，钟一鸣就简单多了，眯上眼，鼓着腮帮子，悠扬沉稳，似乎只要有时间，一口气能从日出吹到日落。

④乡下人婚丧嫁娶，都要请乐队。这两人各自组建团队，年头年尾，不间断地忙碌。有一次，陈德广和钟一鸣的两个唢呐团队在迎亲路上相遇了。看热闹的人不住撺掇，想让两个团队比一比，看谁更厉害。那会儿，他俩都年轻气盛，比就比，谁怕谁。陈德广唢呐上挑，锣鼓手心领神会。鼓面如撒了一碗青豆，骤然密集响起，从气势上压住对方。继而，陈德广鼻孔嘴唇轮番上阵，时不时来个倒栽葱，唢呐像是他身体的一部分，不管怎么折腾，都能吹出撩人的旋律，赢得一拨又一拨的掌声。再看钟一鸣那边，似乎渐入佳境，不急不躁，经典曲谱一个接一个涌出，如江河之水，不见尽头。热汗满面的陈德广心想，如再来一轮吹技表演，岂不让人笑话我只有程咬金的三板斧。于是，陈德广憋着一口气，盯着钟一鸣对吹。

⑤看热闹的人越聚越多，两家迎亲的主事人，似乎忘了正事，并不着急要走。所有人从来没听过这么精彩的唢呐对决，就连晚归的羊群也站在路边，歪着脑袋，竖起耳朵，静静倾听。

⑥吹奏到第十七个曲谱时，陈德广突觉心头一热，眼前发黑，一头杵在硬邦邦的

黄土路上。

⑦槐树沟后沟离前沟并不远，事后，钟一鸣提着两瓶烧酒来到陈德广家，进门就说："德广哥，你说咱俩干些啥事，你倒在地上，吓坏了我，以后可不敢这样了。"说着，拧开瓶盖，"今天不忙，咱哥俩喝上几杯。"陈德广似乎早就等钟一鸣过来，他黑着脸，一句话也不说，从堂柜里取出唢呐，一下狠似一下地砸在青石板做成的锅台上。"这辈子我都不会再吹唢呐了，我还要给我的子孙们说，谁也不许吹唢呐。"

⑧钟一鸣眼看着唢呐碎了一地，站不是站，坐不是坐，搓着手，一时间不知怎么说才好。陈德广倒是不慌不忙，拧紧瓶盖，把两瓶酒塞进钟一鸣怀里，摆摆手，说："不要再来我家了，我不想看见你。"

⑨<u>隔着窗纸，烫手的阳光进不了屋，可屋里屋外一样的闷热。</u>陈德广来来回回不停地兜圈，口渴了，从水瓮里舀出一瓢凉水，"咕咚咕咚"往肚子里灌。喝足了水，他转身问儿子："是谁教你吹唢呐的？"陈放低着头，抠手指头，没说话。陈德广把水瓢扔进水瓮里，问道："快说，谁教的？"陈放怯生生地抬起头，看着窗棂，说："是……是钟一鸣叔叔教我的。"陈德广听了儿子的话，瞪大眼，喘着粗气，抓起堂柜上的录取通知书，三下两下，撕得稀烂，扔进炉膛里。

⑩上初中那年，陈放周末回槐树沟，一脚踏进沟口，就听见钟一鸣的唢呐声。陈放蹲在墙角，一曲一曲地听，听着听着，竟摇头晃脑，打着节奏，嘴里跟着哼曲谱，就像极度饥饿，闻到香喷喷的炖羊肉那么馋嘴。

⑪也不知过了多久，钟一鸣蹲在陈放身边。

⑫"好听？"

⑬"好听!"

⑭"想学？"

⑮"想学。"

⑯"你爹不让。"

⑰"我偷着学。"

⑱击掌，成交。钟一鸣笑了，陈放也笑了。至此，叔侄俩有了一个秘密约定，每个周末放学，陈放都来钟一鸣家学吹唢呐。

⑲太阳落坡，不见陈放回来，陈德广心里乱糟糟的，在院子里兜圈。忽闻敲门声，

门口站着钟一鸣。

⑳"你来干吗？"陈德广板着脸问。

㉑"喝酒。"钟一鸣轻咳一声答道，"还是那两瓶，一直没舍得喝。"

㉒"不稀罕。"陈德广伸手就要关门，看见钟一鸣身后站着陈放，一惊，扭头回屋去了。钟一鸣跟着进屋，坐在炕沿儿上，说："你说，咱山里娃考上音乐学院，容易吗？"

㉓"我又没让他考音乐学院。"

㉔"你真行，撕了录取通知书，这下陈放不用上学了。"

㉕钟一鸣站起来，要走，陈德广拦在面前，说："兄弟，想想办法，娃总得上学吧。"钟一鸣一脸无奈地答道："没办法。"

㉖"兄弟，别急着走，咱喝酒。"说着，陈德广打开堂柜，胡乱翻腾。

㉗"行了，别翻了，看看这是啥？"陈德广转过身，见钟一鸣手里拿着一份崭新的录取通知书。陈德广惊呆了，问："这，哪来的？"钟一鸣似笑非笑，说："知道你这驴脾气，一准儿会撕了录取通知书。所以我和陈放商量，事先准备了一份复制品。"

（作者：王宇/有改动）

文章第②段的环境描写有何作用？

闷热的七月，太阳在半空中撒野，地上像着了火。

环境描写题

交代：交代故事发生的时间。

渲染：渲染压抑沉闷的氛围。

烘托：烘托人物烦躁的心情。

推动：为下文情节的展开做铺垫。

揭示：（无）

环境描写题

文章第⑨段的环境描写有何作用？

隔着窗纸，烫手的阳光进不了屋，可屋里屋外一样的闷热。

交代：交代叙事从回忆转换到现实。

渲染：渲染压抑沉闷的氛围。

烘托：烘托人物烦躁的心情。

推动：与上文情节呼应，引出下文内容。

揭示：（无）

人物赏析题

陈德广和钟一鸣是两个性格鲜明的人物形象，在行事上有许多不同之处。请结合文章内容简要分析。

对比一

事件：二人比拼时，陈德广先在气势上压人，后又担心技穷惹人笑话；钟一鸣却不急不躁，最后赢得比赛。

形象：陈德广求胜心切，**自尊心极强**；钟一鸣**淡定又沉稳**。

对比二

事件：比拼结束后，陈德广不能接受结果，怒言自己以及子孙不会再吹唢呐；钟一鸣却登门抚慰。

形象：陈德广**激进冲动**；钟一鸣**很有涵养**。

对比三

事件：在陈放学唢呐一事上，陈德广极为反感、强烈反对；钟一鸣有爱才惜才之心，倾囊相授。

形象：陈德广**偏激狭隘**；钟一鸣**宽容大度**。

第⑨段，叙事由回忆回到现实，讲到陈德广知道了儿子吹唢呐是当年的对手钟一鸣教的。请结合小说相关内容，补写陈德广当时的心理活动。

心理补写题

示例：哼！真是太可气了！这个小崽子难道不知道我当年输给钟一鸣晕倒的事情吗？好歹他还是我的亲儿子，一点儿也不顾我这个爹的尊严，去给那个人当徒弟，这不是又打了一次我的脸吗？

（使用第一人称；符合人物当时的反应："陈德广听了儿子的话，瞪大眼，喘着粗气，抓起堂柜上的录取通知书，三下两下，撕得稀烂，扔进炉膛里"；符合人物"自尊心极强""偏激狭隘"的特点）

人称作用题

小说采用第几人称叙事？这样叙事有什么作用？

小说使用第三人称叙事，这样**不受时空限制**，便于作者**自由把握**，也便于读者了解陈德广、钟一鸣等人物；同时，以第三人称叙述，由于是一种**旁观者的视角，客观而冷静**，能够更好地写出陈德广和钟一鸣形象上的反差。

中心主旨题

请根据这篇小说的情节，用简洁的语言补写一个结尾。（不少于50字）

示例：陈德广慢慢地接过通知书，脸上浮现出一丝不易察觉的欣慰与感激，抬起头看着钟一鸣，说："我这驴脾气，得改改了。"陈放流着泪，双手捧着一把崭新的唢呐说："爸，今后您得教我。"

（虽为开放探究题，但不可天马行空，要符合情节走向及前面情节隐含的主旨：宽容待人，放下恩怨）

我的收获笔记

会写

写作为自己

考场作文
四个关键字

构思：**稳** ⋯⋯⋯⋯ 审题清
思路对
架构明

开头：**小** ⋯⋯⋯⋯ 小开头
巧引出

内容：**细** ⋯⋯⋯⋯ 细致
细腻   写一篇有内容的文章
不细碎

立意：**深** ⋯⋯⋯⋯ 动情合理
平和入心   写一篇有思想的文章

技巧讲解

一、作文秒构思

技能目的

新颖的结构，让自己写作有思路、有重点，让他人读起来清楚、明白。

反面示例

（1）详略不得当

示例：

当你能够正视那些挫折和失败的时候，我想，你已经长大了。——题记

老天似乎跟我开了个大玩笑，我竟然名落孙山了……

【遇到困难，约200字】

"丫头。"茫然中，有人叫我。是爸爸……

那一刻，我真的长大了……

【受到点拨，约350字】

从那之后，我比以前更加努力，换了更适合我的学习方法，查漏补缺，坚持不懈。终于，在后面的考试中都名列前茅，考上了理想的学校。

【面对困难→战胜困难，约60字】

爱迪生说过："失败也是我需要的，它和成功一样对我有价值。"是的，失败并不是毫无用处，它会激励你走向成功。

（摘编自《那一刻，我长大了》）

（2）中心不集中

示例：

那天放学，楼梯的外边有一圈夕阳。

暮晖洒在操场上，像极了朝阳，但比较深沉……

红日渐渐沉入远方的山峦……

此时天光已稀疏得模糊……

夜晚也有它的美好……

【写夕阳渐落的过程，约420字】

终于还是到了夜，日落已了却了……却又不由得想到我一位同学。

他笑起来时很好看……跟这夜晚的景色完全相仿……

【写一位同学，约170字】

景色不曾迥异，但我们总爱依赖心境去看待……

【写人生感悟，约110字】

那一天的夕阳，现在想来还有点慨叹……

【结尾抒发感悟，约70字】

（摘编自《斜阳渐入夜》）

● 华老师总结 ●

详略不得当、中心不集中的主要原因是没有明确的全文架构意识及写作重点，对自己要写的内容没有清晰的结构划分。

名作欣赏

盼望着，盼望着，东风来了，春天的脚步近了。

小草偷偷地从土里钻出来，嫩嫩的，绿绿的。

桃树、杏树、梨树，你不让我，我不让你，都开满了花赶趟儿。

"吹面不寒杨柳风"，不错的，像母亲的手抚摸着你。

雨是最寻常的，一下就是三两天。

天上风筝渐渐多了，地上孩子也多了。

春天像刚落地的娃娃，从头到脚都是新的，它生长着。

春天像小姑娘，花枝招展的，笑着，走着。

春天像健壮的青年，有铁一般的胳膊和腰脚，他领着我们上前去。

（节选自朱自清《春》）

我喜欢雨，无论什么季节的雨，我都喜欢。她给我的形象和记忆，永远是美的。

春天，树叶开始闪出黄青，花苞轻轻地在风中摆动，似乎还带着一种冬天的昏黄。可是只要经过一场春雨的洗淋，那种颜色和神态是难以想象的。

而夏天，就更是别有一番风情了。夏天的雨也有夏天的性格，热烈而又粗犷。

当田野染上一层金黄，各种各样的果实摇着铃铛的时候，雨，似乎也像出嫁生了孩子的妇人，显得端庄而又沉静了。

也许，到冬天来临，人们会讨厌雨吧！但这时候，雨已经化了妆，它经常变成美丽的雪花，飘然莅临人间。但在南国，雨仍然偶尔造访大地，但它变得更吝啬了。

啊，雨，我爱恋的雨啊，你一年四季常在我的眼前流动。你给我的生命带来活跃，你给我的感情带来滋润，你给我的思想带来流动。

啊，总是美丽而使人爱恋的雨啊！

（节选自刘湛秋《雨的四季》）

每个人都有个故乡，每个人的故乡都有个月亮，人人都爱自己故乡的月亮。

至于水，我故乡的小村子里却到处都是。到了夏天，黄昏后，我躺在坑边场院的地上，数天上的星星。

到了更晚的时候，我走到坑边，抬头看到晴空一轮明月，清光四溢，与水里的那个月亮相映成趣。

我在故乡只待了六年，以后就离乡背井，漂泊天涯。不管我离开故乡多远，我的心立刻就飞回去了。我的小月亮，我永远忘不掉你！

我现在年事已高，住的朗润园是燕园胜地。然而，每逢这样的良辰美景，我想到的却仍然是故乡苇坑里的那个平凡的小月亮。

月是故乡明，我什么时候能够再看到我故乡里的月亮啊！

（节选自季羡林《月是故乡明》）

● 华老师总结 ●

好的结构，层次分明，重点清晰；好的结构，为题目服务，为叙事服务，为中心服务，为全篇服务；好的结构，能让读者读出文章重点，进而明白作者想要传达的中心主旨。

华老师经验谈

使用结构句

角度	线索	段落主要内容
示例	1."来，递给我。" 2."交给我吧。" 3."没事，你先走吧。" （以体现人物情感品质的语言为线索）	1.有这样一种声音来自师长。 2.有这样一种声音来自同窗。 3.有这样一种声音来自心底。 （几类人群）
	1.铃起铃落，课上课下。 2.纸响笔起，笔落纸响。 3.哨音嘹亮，脚步声齐。 （以最能表现校园生活特点的事物及其声音为线索）	1.有这样一种声音，是为了荣耀而拼搏的伴奏。 2.有这样一种声音，是为了集体而吹响的音乐。 3.有这样一种声音，是为了未来而努力的节拍。 （几个阶段）
	1.冬天清晨的太阳刚刚从透明的薄膜中挣脱，就开始了新一天的旅程，一点一点去温暖那干冷阴晦的空气。 2.太阳傲然地俯瞰着大地，极不情愿地赏下一小团明媚的阳光。它穿过玻璃，铺展在黑板的一角，顺便把黑板上的几个字镀上了一层明亮。 3.午后的阳光一下子温润了起来。 （以景物的变化为线索）	1.我曾听过一件长衫悲哀的泣诉。 2.我曾听过一个血馒头痛苦的嘶吼。 3.我曾听过一个狂人癫狂的叫喊。 （几本书籍）

学以致用

例一：巧用线索，串联下面作文的各个段落。

我以琴音为知己（有改动）

"轻拢慢捻抹复挑，初为霓裳后六幺。"

_____。我端坐在檀木椅上，凝视着面前的古琴。古色古香，古檀樟木般浓重的颜色糅合着橘黄色的灯光，让人舒心。七弦，我伸出手将每根琴弦挑拨了一下，铮铮却又浑淳的声音回荡在这不大的琴室。我用指尖摩挲着每根弦，好似久别重逢的老友在与我闲谈。

_____。已经是第三次将左手指位压虚了，奏出的琴音自是缥缈之音，全无大气浑厚的音色。我停下手，摩挲着被弦勒出红印的左手指肚，暗暗思索。思考后，我将每一个指位都加大了力度，听着琴音浑淳地回荡在琴房，嘴角不禁挂上了一丝笑容。然而，由于太生硬，用力过大，整个曲调的流畅之感都被磨没了。我失望地望向眼前的古琴，难道我真的不能与它为伴了吗？

_____。白纸上密密麻麻的黑字，刺得眼睛生疼。索性放下笔，坐上琴凳。我闭上双眼，凭着感觉弹奏那首记忆深处的《高山流水》。琴音如水，缓缓流泻，滋润我的心田；琴音如月，映照出千年前俞伯牙与钟子期的绝世知音；琴音如茗，捧一杯满盈细细回味，清香溢满心田。张开眼，已全无烦闷之感，只觉豁然开朗，精神灿烂。

琴音，已俨然成了我生活中不可或缺的一部分——知己。心中的不甘、愤懑、不愉快，我也只会找它倾诉，它总会与我不离不弃。

高山流水善鼓琴，一念琴音永知己。

例二：细读下面作文，补写段落开头句，体会其片段组合的方式。

凝聚（有改动）

那是一个烟柳画桥、吴带当风的时代，那也是一个铁马冰河、金甲百穿的时代。在那个时代，有一些人，用自己伟大的人格与才情，凝聚起了一个时代的主旋律。

———

嘉祐二年，他赴京参试，遇见了那个一生感激的老师，从而以自己的才华名动京师。然而命运没有一直眷顾于他，因为政见的分歧，他屡遭排挤。"乌台诗案"后，侥幸存命的他被一贬再贬。点点离人泪，他终成天涯倦客。但那颗豁达的心，使他没有放弃。是也，天涯何处无芳草？他早已不在乎红尘浮名。只是人生如梦，流年暗中偷换间，他已生华发。幽梦里，他与亡妻相顾无言，唯有泪千行……

———

曾无数次，静雅的书房中，她轻提香袖，执着狼毫，在洁柔的宣纸上留下奔涌的才情。可叹世事难料，晴空中的一声惊雷，使她手中的笔"啪"的一声落地。国破，家亡。奔出书房，天地已变色。物是人非事事休，欲语泪先流。早年种种美好幻想突然烟消云散，只剩下一个愁字了得。枯荷断茎中，她人比黄花瘦，寻寻觅觅冷冷清清凄凄惨惨戚戚。从此，她将自己禁闭在了"愁"的世界里，带着无限怀念眺望北方。

———

远方云雾迷茫处，那是我大宋的土地，却被金人掠取而去。遥想当年，他意气风发，气宇轩昂。在"马作的卢飞快，弓如霹雳弦惊"的战场上，他忘情呐喊。奈何少年不识愁滋味，从踏上南方土地的那一刻起，就注定了他一生的悲剧。临安的暖风中，小桥屋檐下昏昏欲睡的人们，怎能读懂塞北的荒野？于是，在"七八个星天外，两三点雨山前"的夜里，他的苍苍白发在风中飘摇，如乱絮蓬草。惊觉多少亲朋已白头，蓦然回首，在灯火阑珊处，他终于发现，原来英雄总被雨打风吹去。他黯然慨叹："天凉好个秋啊，好个秋。"

苏轼、李清照和辛弃疾。他们都命运多舛。也许他们受难于那个时代，但谁又能否认，正是他们凝聚了一个时代的风骨。

是的，他们凝聚了中国文学史上最伟大的一部分，凝聚了每一个中华文人的心。

华老师结构句

例一：

"身坐正,手放好,心端平。"这是古琴老师见我的第一句话。

"左手指肚的力量加大,不把每一个指位按实,弹出来的琴音又怎么能好听?"古琴老师嗔视着我。

"身坐正,手放好,心端平。去想乐曲背后的故事,这不仅是对琴的尊重,还是面对陪你度过困苦时期的知己应有的心态。"古琴老师过往的教导响在耳边。

（以符合情节的人物语言为线索）

例二：

他,用豁达之心凝聚了一个时代。

她,用凄愁之意凝聚了一个时代。

他,用爱国之志凝聚了一个时代。

（以几个典型人物进行串联组合）

二、素材逆行者

技能目的

通过叙写生活中的一件极其平常的事情，来阐述一个大的主题或凸显人物的情感状态。将寻常的素材写得真挚细腻，写出新意，从"小"中"见世界""见人情"。

反面示例

（1）素材虚假、陈旧

示例：

深夜我突然发起高烧，妈妈二话不说背起我就往医院去。风雪很大，妈妈将我裹得严严实实，而她自己穿得却很单薄。一路上她深一脚浅一脚，踉踉跄跄地走着。一不小心妈妈滑倒了，她艰难地爬起来，赶紧问："孩子，没摔着你吧？"到了医院，我看见汗水打湿了妈妈的头发，感动的泪水顿时打湿了我的心。

（摘编自《那一刻，我长大了》）

（2）情感来得过于突兀

示例：

唉！今天又和爸爸妈妈闹翻了。也许在他们心中我并不重要，永远都是别人家的孩子好。夜已深了，我却没有睡意。月光透过窗户洒进来，那么惨白。这时，卧室的门悄悄开了，一个人影走了进来，原来竟是爸爸。我眯起眼睛佯装睡着。他蹑手蹑脚地走过来，轻轻地给我掖掖被子。我的泪悄悄地滑落下来……

（摘编自《与爱相伴的日子》）

（3）"牛奶"解决一切难题

示例：

该死的数学题伤了我无数的脑细胞，可我的脑子依然一团乱麻。我狠狠地把笔摔在书桌上，真想把数学作业从窗户扔出去。这时，卧室的门轻轻地开了，妈妈走了进来。她端来一杯热腾腾的牛奶，微笑着对我说："趁热喝吧！没有克服不了的困难。"一股暖流涌进我的心底，我提笔"唰唰唰"写起来。

（摘编自《面对母亲的目光》）

（4）真情必讴歌奉献

示例：

总是在放学的时候大雨突至，总是屋漏偏逢连雨天。考砸了的我，心情糟透了，暗自懊悔早上出门时不听妈妈的劝告，如果按她说的拿把雨伞，哪至于像现在要淋成落汤鸡。我刚冲出校门，就听见一个熟悉的声音，是妈妈。她吃力地举着伞，不知什么时候我的个头已经超过了妈妈。我们一起往家走去，不经意间，我看见伞倾斜到了我这一边，妈妈的半边身子都打湿了……

（摘编自《无比动人的瞬间》）

● 华老师总结 ●

素材虚假、陈旧，俗套、雷同；你为我掖被，我为你流泪，情感来得过于突兀；误以为只有惊天动地的大事件、无私的奉献才能体现真情；情感空洞，全靠流眼泪。

名作欣赏

说起冬天，忽然想到豆腐。是一"小洋锅"（铝锅）白煮豆腐，热腾腾的。水滚着，像好些鱼眼睛，一小块一小块豆腐养在里面，嫩而滑，仿佛反穿的白狐大衣。锅在"洋炉子"（煤油不打气炉）上，和炉子都熏得乌黑乌黑，越显出豆腐的白。这是晚上，屋子老了，虽点着"洋灯"，也还是阴暗。围着桌子坐的是父亲跟我们哥儿三个。"洋炉子"太高了，父亲得常常站起来，微微地仰着脸，觑着眼睛，从氤氲的热气里伸进筷子，夹起豆腐，一一地放在我们的酱油碟里。

（节选自朱自清《冬天》）

我们过了江，进了车站。我买票，他忙着照看行李。行李太多了，得向脚夫行些小费，才可过去。他便又忙着和他们讲价钱。我那时真是聪明过分，总觉他说话不大漂亮，非自己插嘴不可。但他终于讲定了价钱，就送我上车。他给我拣定了靠车门的一张椅子，我将他给我做的紫毛大衣铺好座位。他嘱我路上小心，夜里要警醒些，不要受凉；又嘱托茶房好好照应我。我心里暗笑他的迂：他们只认得钱，托他们直是白托！而且我这样大年纪的人，难道还不能料理自己么？我现在想想，那时真是太聪明了！

（节选自朱自清《背影》）

筷子头一扎下去，吱——红油就冒出来了。高邮咸蛋的黄是通红的。苏北有一道名菜，叫作"朱砂豆腐"，就是用高邮鸭蛋黄炒的豆腐。

（节选自汪曾祺《故乡的食物》）

当铺刘家宰了两口大猪，或放债的孙家请来三堂供佛的、像些小塔似的头号"蜜供"，母亲总会说：咱们的饺子里菜多肉少，可是最好吃！刘家和孙家的饺子必是油多肉满，非常可口，但是我们的饺子会使我们的胃里和心里一齐舒服。

（节选自老舍《老舍自传·母亲》）

第一次醉是在六岁的时候，侍先君饭于致美斋（北平煤市街路西）楼上雅座，窗外有一棵不知名的大叶树，随时簌簌作响。连喝几盅之后，微有醉意，先君禁我再喝，我一声不响站立在椅子上舀了一匙高汤，泼在他的一件两截衫上。

（节选自梁实秋《饮酒》）

华老师总结

学生的生活往往是家庭、学校两点一线，因此很多学生总是觉得没有素材可写。其实，我们的生活中处处蕴藏着美好的事物，只是需要我们做个有心人，以小见大，多观察，勤思考，善联想，从平常的小事中感悟真情。

华老师经验谈

角度	选材原则——化大为小，小处见大
示例	家的温暖，是夜深人静时的温暖陪伴。 天色渐晚，整个城市似乎都静了下来，人们也好似都早已进入了梦乡，只有那扇窗里，一盏台灯还散着光亮。我坐在桌前，准备着几天后的考试，困意涌上，迷迷糊糊中，一件外套搭在了我的肩上，耳边是爸爸的声音："太晚了，赶紧休息吧，别把身体累坏了。"那声音里有的是满满的担心。"不了，再看会儿。"我漫不经心地说着，又一头扎进那书堆里。他叹了口气，走了出去。夜渐深，困倦的我走出房门，意外地发现爸爸坐在沙发上，疲倦地微闭着眼。原来他一直陪着我。夜很静又很安心，那份陪伴，如此温暖。 家的温暖，是窗边的守望与牵挂。 清晨，寂静了许久的城市渐渐喧嚣，赶着上学的我嘴里还咬着一口面包，却已是着急得想要出门。"别着急，赶得上啊。"奶奶边说边给我递上一碗温热的汤水，还轻拍着我的后背。"来不及了！"我还是急忙地跑出家门，一边挥着手一边向前跑着。偶然回头，我看见那个苍老的人半探着身子倚靠在窗边，她的目光似乎从未离开过我。"慢点，别着急。"听着那份呼唤，心里淌过暖意。那半探着的身子，那双眼里的牵挂，那份来自窗里的守望，恰如春风拂面，温暖人心。 （摘编自《家》）

学以致用

以"家"为话题，从寻常生活中选取朴素的亲情素材进行创作，力求着眼"小细节"，描写细腻，抒情真挚。

华老师素材

例一：用"妈妈在厨房的忙碌""爸爸在夜晚的等候"写出一个家的温暖。

家（有改动）

清晨时的一声"早安"，疲惫时的一个拥抱，落寞时的一句鼓励，哭泣时的一个安慰。时光的长河匆匆流过，幸福却沉淀下来，日积月累，逐渐呈现出家的模样。家，不是一个地方；家，是内心深处对爱的渴望。

厨房里的滚滚热气包裹着幸福不断升腾，勾勒出家的温暖。

盛夏吐着源源不断的热量，即便是身在空调下的我，也开始心浮气躁。"还没好啊？"我大喊着打开厨房的门，如同开启了高压水枪一般，可喷涌而出的并非清凉的水而是滚滚热浪。本就燥热的夏天加上灶台上的火焰，厨房里的温度快赶上那正午的沙漠了。只见妈妈不急不躁，轻轻地搅着锅里的菜肴。"您不热呀？"我不禁问道。汗水沿着妈妈脸上的皱纹淌下，她嘴上却说着："嗨，这不是前两天你吵着要吃嘛。这排骨啊，就得慢慢炖着。"妈妈弯起嘴角，眼神专注，仿佛没人能打扰妈妈为女儿一时任性许下的愿望而付出。说来奇怪，从那一刻起，我心中的燥热消失不见，溢满了幸福。

灯光下独自守候的剪影包裹着幸福静静等待，映照出家的模样。

黑夜接替了白昼来工作，而身在毕业年级的我却还在奋斗，视线被成堆的书本限制在半平米的狭小空间内，再一抬头，已是深夜。偶然瞥见身后的人影，一回头竟是爸爸坐在那里。"您怎么还没睡？""就是想来陪陪你。"爸爸说着递过来一杯温热的牛奶，"这眼睛是越来越花了，刚十一点多就顶不住了。"我望向爸爸略微下垂的眼角心头一颤，仔细端详，依稀能看到那凌厉英气的影子，但为了守候这个家，爸爸眼中的神韵已消失不见。不知怎的，有了这个坚实的等候，我心中便又充满能量，有了继续奋斗的勇气。

时钟的指针转过无数轮回，不知不觉，家已经陪我走过了十五年。十五年来，我们不曾拥有豪华的房屋，不曾拥有奢华的生活，有的只是三个人和相互间无尽的爱。然而，只是这些平淡中的幸福便可以构成家的温暖，伴我闯过风雨。

例二：用"奶奶的红烧肉""妈妈的苦药水""吵架后爸爸送来好吃的"写出家人的爱。

舌尖上的家（有改动）

家是什么味道的？也许是酸甜苦辣，也许是温暖细腻。而关于它，更多的回忆停留在舌尖的体验，矗立在心底的最深处。

舌尖上的家，是裹在味蕾上的酸甜苦辣。

中国人最拿手的便是做家常菜了。他们将最诚挚的祝愿，最温暖的爱意，融入一道道可口的菜肴中。而老一辈做饭的古韵古香，就像豆汁般耐得住时间的考验。奶奶用她一辈子的历练，赢得了亲朋好友的欢心，精光的盘底映出那是怎样的一桌美味。仍在发愣的我，被一阵扑鼻的香气诱得回过了神，只见奶奶拿着一盘刚做好的红烧肉。饱满的肉块剔透着，闪耀着金光，浓郁的酱汁将肉块染成了金黄色。肥大的肉块入口即化，肥而不腻，满口的香味回荡着，充实着。米饭配上红烧肉，可谓是绝佳的搭配，满嘴抹油还意犹未尽。现在想起来，还是回味无穷。而奶奶总是坐在一旁，一脸慈爱地看着我，眼里满满的溺爱和欣喜。每当吃了奶奶的菜，就有了回家的感觉，也许它简单，但是那样的美味和目光是独属于我一个人的家的回忆。

舌尖上的家，伴随着药水的苦涩。

在这里有位最爱你的母亲，这里是你最温暖的避风港，这里是你长途跋涉的供给站。小的时候体弱多病，隔三差五就要吃药。而母亲每每要早起半个小时为我冲药，熬药。那些令人作呕的药水至今还在记忆里挥之不去，而那个人也总是变出各种各样的糖哄我开心。直到我终于痊愈，她紧皱的眉头才稍微松弛，露出久违的笑容。但是后来长大了，离开家选择了住宿，很少再尝到苦涩的药水。有的时候病了，挺一挺也就过去了，而也再不会有个人在清晨叫醒我吃药了。舌尖上的家，有着苦涩药水的回忆和母亲关爱的甜蜜。

也许正是因为那里有太多爱我的人，我才会肆无忌惮。我总会和父亲吵得如火如荼。我们会打嘴架，会闹别扭。我心情差的时候，会将满肚子的苦水倾泻在他的身上。有的时候，我们会吵到舌头发麻才肯罢休，但是在下一秒，他总是会把好吃的摆在我的面前。这便是家，是爱。无论怎样，这里的人会一如既往地爱护你。

舌尖上的家，有奶奶的红烧肉、妈妈的关心、爸爸的爱护和宽容。这里的故事道不尽、说不完，但是早就成了我的一部分和一部分的我。

三、让老师惊艳的开头

技能目的

好的开头，让自己有话写，让别人愿意读。

反面示例

（1）无关叙事的口水话

示例一：

谁没有享受过母爱呢？相信大家对于这个题目都有很多话。下面就是我要说的关于母爱的故事。

（摘编自《沐浴在母爱的阳光下》）

示例二：

看到这个题目，我实在不知该说什么，但还是决定说一说有关"带着理想前行"的想法。

（摘编自《带着理想前行》）

（2）空洞乏味的排列句

示例：

爱心是一抹照射在冬日的阳光，使贫病交加的人感受到人间的温暖；爱心是一泓出现在沙漠里的泉水，使濒临绝境的人重新看到生存的希望；爱心是一首飘荡在夜空的歌谣，使孤苦无依的人获得心灵的慰藉。

（摘编自《爱心》）

（3）极其压抑的大篇幅

示例：

在书香的天空下，我领略到"看庭前花开花落，望天上云卷云舒"的那份超然；我感受到"人生如梦，一樽还酹江月"的那份大气；我想象出"物是人非事事休，欲语泪先流"的那份凄凉；我还能品味"疏影横斜水清浅，暗香浮动月黄昏"的那份美丽；我更能体会"长风破浪会有时，直挂云帆济沧海"的那份自信！

（摘编自《充盈着"书香"的天空》）

（4）不真实的细节描写

示例：

太阳落山了，昏黄的光晕渲染了半边天，我寂寞地趴在阳台上。窗外那棵老杨树上，不知名的大鸟仍在不知疲倦地喂食它的小宝贝，它那绿豆般的眼睛温柔而慈爱地注视着意欲飞出温巢的小鸟。这画面，这眼神，让我想起了母亲……

（摘编自《面对母亲的目光》）

● 华老师总结 ●

不加思考的生拉硬拽的文字，不能做作文的开头；不着边际的无病呻吟似的套话，无意义的辞藻堆砌，不适宜作为文章的开头！

名作欣赏

盼望着，盼望着，东风来了，春天的脚步近了。

（节选自朱自清《春》）

我与父亲不相见已二年余了，我最不能忘记的是他的背影。

（节选自朱自清《背影》）

我第二次到仙岩的时候，我惊诧于梅雨潭的绿了。

梅雨潭是一个瀑布潭。仙岩有三个瀑布，梅雨瀑最低。走到山边，便听见哗哗哗哗的声音；抬起头，镶在两条湿湿的黑边儿里的，一带白而发亮的水便呈现于眼前了。

（节选自朱自清《绿》）

充满整个夏天的是一种紧张、热烈、急促的旋律。

（节选自梁衡《夏》）

在苍茫的大海上，狂风卷集着乌云。在乌云和大海之间，海燕像黑色的闪电，在高傲地飞翔。

（节选自【苏】高尔基《海燕》）

我们在田野散步：我，我的母亲，我的妻子和儿子。

（节选自莫怀戚《散步》）

我不由得停住了脚步。

（节选自宗璞《紫藤萝瀑布》）

● 华老师总结 ●

好的开头，语言简洁，直入主题，描摹画面；好的开头，为题目服务，为叙事服务，为中心服务，为全篇服务；好的开头，能够轻松勾起读者的阅读兴趣。

华老师经验谈

开头的两种角度

角度	正叙入题，开门见山	反切入题，横生波澜
示例	记忆中的老树下总有她的陪伴。 （摘编自《童年并没有结束》） 一把琵琶，一张奖状，一段漫长的努力之路，时刻提醒着我，努力并没有结束。 （摘编自《努力并没有结束》）	那盆文竹竟然死了。 （摘编自《生命并没有结束》） 结束了，一切都结束了。只剩下争吵结束后微微颤抖的空气，仿佛记录下了刚刚激烈的话语。 爸爸，难道我的成长、您的老去竟是代表着我们之间爱的结束吗？ （摘编自《思念并没有结束》）

学以致用

请分别从"正叙""反切"的角度，给下文补写一个直入主题的开头。

幸福并没有结束（有改动）

_____

_____

妈妈总是想让我明白：打鼾是呼吸暂停的症状，不要不当心，有时会出事。

"知道啦，什么时候我睡觉时睡过头再说吧。"我不以为然。

月黑风高，狂风刮过树叶，卷起一道道声响，室内的我躺在床上心绪万千，一边尽力去休息，一边却又不得不忍受姥爷打鼾的痛苦。

又是一声鼾声，"呼……"，雄壮有力。我想，又要忍受一个不眠之夜了……

渐渐地，打鼾声慢了下来，淡了下去。呼吸的有力、声响的巨大，都消失了，窗外的风声，也听不见了。我竟然饶有兴趣地打开秒表，看他什么时候再打一声鼾。

十秒，二十秒，三十秒，四十秒，五十秒，六十秒，七十秒，八十秒……

数得我心烦意乱，苦恼这令人痛苦的鼾声怎么还不来。我又躺下睡觉，满腹疑问。突然，一个念头闪过心头，这不是呼吸暂停吗？不会真出事了吧！我惊出一身冷汗，一手掀开被子，起身下床，顾不得穿上拖鞋，打开台灯，急忙奔向姥爷的房间。

未及屋门，只听得一声有力的"呼"又冒了出来，紧张的我顿时放松了。听到这令人痛苦的鼾声，我不禁感到有些幸福。

我恍然明白，这一声声有力的鼾声不仅是姥爷有力的呼吸，还是姥爷本身——我心灵中可以依靠的港湾。鼾声见证的是一个人，也是一段情愫和旧日时光。尽管岁月变迁，他也终将离我远去，但这寄托着幸福的鼾声会一直萦绕在我心头。

我愿这鼾声伴随幸福永存。

华老师开头

例一：正叙入题。

我慢慢意识到，姥爷的鼾声不是我的痛苦，而是一种幸福。

例二：反切入题。

我恨姥爷睡觉时的打鼾声，每一次打鼾，都如雷轰响，令我心绪散乱，难以入眠。一次又一次的鼾声，盖住了我与他的那些幸福时刻。我想，爷孙俩的幸福终究会结束的。

四、高分结尾的四种样子

技能目的

好的结尾，使文章主题立意升华，给人领悟与启示，余味悠长。

反面示例

（1）立意浅薄，浮于表面

示例一：

后来，我也被人放了鸽子，我才知道放鸽子是不好的，我才知道他当时是多么难过。我以后再也不放别人的鸽子了！

（摘编自《我的成长》）

示例二：

我真的非常热爱打乒乓球，因为打乒乓球还可以为我紧张的学习生活解压，令我心生愉悦。

（摘编自《我心生悦》）

（2）无病呻吟，空发感慨

示例一：

外婆回老家了，家里没有了熟悉的身影、熟悉的味道、熟悉的饭菜。啊！此时我才发觉外婆对我的重要性。啊！我想念我的外婆！

（摘编自《想念》）

示例二：

啊，朋友，你太伟大了！你是太阳，你是大海，我永远敬佩你！

（摘编自《我最敬佩的一个人》）

（3）生搬硬套，不知所云

示例：

刀锋不停地起落，大家手中的图案逐渐明朗——一簇簇艳丽的花卉跃然纸上，娟秀光丽，仿佛散发出迷人的清香。看着这些纸花，它们就像绽放在我的心间。所有人的脸上都洋溢着愉快的笑容，犹如整个社会都在欢笑。

商业的发展，使这些手工艺文化备受打击。但本次行程使我又看到了传承它们的希望。这或许是家乃至社会这个大家庭的大好事吧！

（摘编自《家有好事》）

● 华老师总结 ●

结尾处总结出来的中心思想不应仅浮于表面，更不能不加思考；结尾处的情感应在前文内容的基础上自然而然地抒发，切忌无病呻吟；结尾尤其不能摆花架子，生搬硬套写过的素材，让读者不知所云。

名作欣赏

开头：

我从乡下跑到京城里，一转眼已经六年了。其间耳闻目睹的所谓国家大事，算起来也很不少；但在我心里，都不留什么痕迹，倘要我寻出这些事的影响来说，便只是增长了我的坏脾气，——老实说，便是教我一天比一天的看不起人。

但有一件小事，却于我有意义，将我从坏脾气里拖开，使我至今忘记不得。

结尾：

这事到了现在，还是时时记起。我因此也时时熬了苦痛，努力地要想到我自己。几年来的文治武力，在我早如幼小时候所读过的"子曰诗云"一般，背不上半句了。独有这一件小事，却总是浮在我眼前，有时反更分明，教我惭愧，催我自新，并且增长我的勇气和希望。

（节选自鲁迅《一件小事》）

开头：

我与父亲不相见已二年余了，我最不能忘记的是他的背影。

结尾：

……我读到此处，在晶莹的泪光中，又看见那肥胖的、青布棉袍黑布马褂的背影。唉！我不知何时再能与他相见！

（节选自朱自清《背影》）

开头：

我不由得停住了脚步。

结尾：

在这浅紫色的光辉和浅紫色的芳香中，我不觉加快了脚步。

（节选自宗璞《紫藤萝瀑布》）

开头：

真好！朋友送我一对珍珠鸟。放在一个简易的竹条编成的笼子里，笼内还有一卷干草，那是小鸟舒适又温暖的巢。

有人说，这是一种怕人的鸟。

结尾：

有一天，我伏案写作时，它居然落到我的肩上。我手中的笔不觉停了，生怕惊跑它。待一会儿，扭头看，这小家伙竟趴在我的肩头睡着了，银灰色的眼睑盖住眸子，小红脚刚好给胸脯上长长的绒毛盖住。我轻轻抬一抬肩，它没醒，睡得好熟！还咂咂嘴，难道在做梦？

我笔尖一动，流泻下一时的感受：

信赖，往往创造出美好的境界。

（节选自冯骥才《珍珠鸟》）

● 华老师总结 ●

写作时，首尾呼应的写法往往能使文章中心更加鲜明突出，而好的结尾也能起到总结全文、深化主题或发人深省、耐人寻味的艺术效果。

华老师经验谈

高分结尾的四种样子

技法	示例
首尾呼应	开头： 见证童年美好的是老家的老屋。记忆中的老屋不老，只是它太大了，就像长了好多年似的，幼时的我总是这样想。爷爷奶奶总嫌它太大，进进出出都好麻烦，但我却顶喜欢，因为有了足够大的空间供我玩耍。 结尾： 老屋，承载着我儿时的记忆，见证着一段无法再回去的美好过往。人得有个念想儿，念想儿就是我们的根，我们的魂。 （摘编自《见证美好》）
排比抒情	真不幸，她是我的祖母。那个一边喂我吃稀饭一边唠叨埋怨我贪嘴的祖母，那个一边生气地打着我贪玩的脏手一边用肥皂洗净上面污泥的祖母，那个一边责骂我打碎碗碟一边用细软的手绢包起我划破了的手指的祖母，那个一边甩开我撒娇的小手一边在车多的路口紧紧挡在我身前的祖母……每一记巴掌，打在我脸上，疼在她心上。血脉亲情间也许还有一丝温度。它暖着我的手，不由自主地抬起，轻轻靠近那扇尘封已久的门，一颗蒙灰的心在轻声念叨：里面是我的祖母。 终于抬手叩响了木门，门里传来一个熟悉又陌生的声音："谁呀？进来吧，门没锁。" 尘散了，门开了，而爱锁了太久。 （摘编自《门其实开着》）

华老师经验谈

画面转换	下课铃响起了，我还能听几次这样的下课铃呢？离巢的鸟儿总会归来，将要离开这里的我，却不知何日是归期。往往我们刚刚熟悉一个地方，将它定义为"老地方"后，就面临别离，一个又一个别离串起来，就成了人生。亲爱的老地方啊，你终于教会了我这最重要的一课。 　　有什么东西轻轻落在头顶，抬手一摸，是一片绿叶。轮廓优美，叶脉清晰。我轻轻抚摸这片绿叶，心知这是春天的逝去和盛夏的开端。 （摘编自《老地方》）
以小见大	再回到开头的胶着棋局，白衣老人盯着棋盘，严肃的脸忽然乐了，执起一子"啪"地拍在棋盘上，笑道："这一子，可难为我半天！"众人都笑了。 　　所有的喜笑愁哀都痴凝在棋局中，连带着中国五千年流传的传统与文化，与平常人所拥有的智慧谋略也凝聚在一起吧，代代传承。 （摘编自《凝聚》）

学以致用

　　请运用上文技法，为下面作文补写一个合适的结尾。

我在对面的琴声中得到快乐（有改动）

　　"够了，别再拉了！"

　　对面的琴声猛地停了。

　　我站在窗前盯着对面，也不知是哪个窗户，因为激动而重重地呼吸着，很快我锁定了楼上的窗户，里面透出的灯光是纯净的白色。今晚没有月亮，也许有，躲在楼后藏了踪迹。

对面的那栋楼里应该是新搬来了一户人家，每天晚上固定不变地拉上几个钟头的琴，扰民！

对面那纯白的光突然灭了，我盯着那寂静的黑暗看了几秒，觉得心中有一根柔软的丝线被抽走了似的，拉上了窗帘。桌上摊着物理练习册和被我画得乱七八糟的草稿纸，钟表的指针已经接近"9"了，记事本上还有满满的项目没有做——真是让人提不起精神来。

琴声接连几天没有出现。

这一天早早地完成了要做的事，翻开桌上的书从头读。那琴声恍惚间又响起来了，先是试探性地拉了几个音，而后便行云流水起来。我翻书的手顿了一顿，看向自家的窗帘，想象那后面有一扇窗户，透着白色的光，传出柔软的琴声，突然觉得其实挺好的，低下头，咬着嘴唇翻开了下一页，不自主地笑了笑。

下一天坐在桌前写作业，写写停停，却很期待那琴声响起来。八点的时候，听到那琴声，音符精灵般地跳进我的窗子，像是有一根神奇的指挥棒在引导它们似的，跳跃着，旋转着，舞动着，快乐着。像是被它们的快乐感染了，我也跟着快乐了起来，快乐是有温度的吧，让心也变得暖了。有的时候也会猜测那白色房间中拉琴的人，她的头发也许像一匹乌黑的绸缎；她也许有一双干净有力的手，手指纤长而白皙；她也许拉琴的时候会微闭了眼，陶醉其中；她也许会为了那一天邻居不满的喝斥而感到不解和懊恼。我忽然觉得，尽管我甚至不知道那优美的琴声究竟是哪里来的，尽管我曾经厌烦过那固定不变的形式，尽管我从没见过拉琴的人，从未和她或他说过话，可那又有什么关系呢？我甚至觉得已经和这琴声，和这拉琴的人成了朋友，并且在每天的等待琴声、倾听琴声、与琴声陪伴中得到了快乐。把那琴声背后的人、事、物放在心间，留一个位置，留一份悬念，其实也挺好，挺快乐。

_____

_____

_____

华老师结尾

例一：首尾呼应。

"够了，别再拉了！"

这无礼的呵斥之后，竟然收获了一份别样的快乐……

例二：排比抒情。

给自己的对面留一个美丽的悬念，也许是我们每个人都需要的。烦躁的时候帮我们抚平心绪，孤单的时候与我们一起度过，快乐的时候和我们一起温暖，夜深的时候伴随我们一同入眠。对面的琴声给我带来了不经意的快乐，快乐其实很简单，生活其实很快乐。

例三：画面转换。

抬头，窗外，让人宁静的月光，沙沙作响的树叶，邻人夜跑滑过的身影……我猛然发现，与对面的琴声一样，它们都是我身边如此美好的存在。

例四：以小见大。

今夜，用欣赏的姿态，在对面的琴声中收获快乐；明天，以海纳万物的胸襟，于广阔天地间追寻人生更多的精彩。

五、作文写得好，必须有细节

技能目的

好的细节描写，让你的叙事有画面，让你的文章更动人。

反面示例

（1）纯叙事，没描写

示例：

那天晚上，每个班都上报了几个节目，有唱歌，有跳舞，还有令人难忘的武术表演。同学们以一首非常"燃"的歌曲开始了此次晚会。晚会到了令人激动的时候，同学们会手拿水杯在空中舞动，到了最高潮的时候，还会把彩带扔向半空，表达我们内心的无限激动之情！

（摘编自《开在记忆深处的花》）

（2）有细节，不动人

示例：

外婆切好香菜后，端出了一个大盆，我掀开一看，原来是一盆凉粉。外婆先把凉粉拍在案板上，切成小方条儿，然后把这些凉粉倒入锅中，小火慢煮。等煮熟后，外婆再给凉粉淋上佐料，撒上香菜。

（摘编自《值得珍藏》）

（3）细节多，没侧重

示例：

转眼间，我便开始了收拾。突然，我在一个不起眼的角落发现了一根落满灰尘的蜡烛。我用纸把它擦干净，做了一番心理斗争，最终还是将它扔进了卧室的垃圾桶。

到傍晚，吃过晚饭，妈妈对我说："我要去接一下你爸爸，你自己好好写作业。""行了行了，您快去吧。"我有些不耐烦地说。她刚要开口，我就把门关上了。之后，我来到书桌旁，开始了今天的忙碌。可是，没过一会儿，突然停电了，漆黑的房间里伸手不见五指，这时爸爸妈妈都不在家，该怎么办呢？

我拿起了我送给爸爸的一个精致的打火机，靠着一点点的光芒，四处寻找着手电筒，可是我家并没有手电筒。这时我想起了早上被我扔进垃圾桶的蜡烛，便将它拿出来点燃。

（摘编自《蜡烛》）

● 华老师总结 ●

语言平铺直叙，缺少细节描写，便无法营造画面感；有细节，但描写不生动，不能为中心服务，便无法打动人心；没有侧重，处处都是细节，只会使文章详略不当。

名作欣赏

我看见他戴着黑布小帽，穿着黑布大马褂，深青布棉袍，蹒跚地走到铁道边，慢慢探身下去，尚不大难。可是他穿过铁道，要爬上那边月台，就不容易了。他用两手攀着上面，两脚再向上缩；他肥胖的身子向左微倾，显出努力的样子，这时我看见他的背影，我的泪很快地流下来了。

（节选自朱自清《背影》）

爸爸气极了，一把把我从床上拖起来，我的眼泪就流出来了。爸爸左看右看，结果从桌上抄起鸡毛掸子倒转来拿，藤鞭子在空中一抡，就发出咻咻的声音，我挨打了！

爸爸把我从床头打到床脚，从床上打到床下，外面的雨声混合着我的哭声。我哭号，躲避，最后还是冒着大雨上学去了。

（节选自林海音《爸爸的花儿落了》）

严监生喉咙里痰响得一进一出，一声不倒一声的，总不得断气，还把手从被单里拿出来，伸着两个指头。大侄子上前来问道："二叔，你莫不是还有两个亲人不曾见面？"他就把头摇了两三摇。二侄子走上前来问道："二叔，莫不是还有两笔银子在哪里，不曾吩咐明白？"他把两眼睁得溜圆，把头又狠狠摇了几摇，越发指得紧了。奶妈抱着哥子插口道："老爷想是因两位舅爷不在跟前，故此记念。"他听了这话，把眼闭着摇头，那手只是指着不动。

（节选自吴敬梓《儒林外史》）

母亲掏衣兜，掏出一卷揉得皱皱的毛票，用龟裂的手指数着。

旁边一个女人停止踏缝纫机，向母亲探过身，喊道："大姐，别给！没你这么当妈的！供他们吃，供他们穿，供他们上学，还供他们看闲书啊！"接着又对我喊："你看你妈这是在怎么挣钱？你忍心朝你妈要钱买书啊？"

母亲却已将钱塞在我手心里了，大声回答那个女人："谁叫我们是当妈的呀！我挺高兴他爱看书的！"

母亲说完，立刻又坐了下去，立刻又弯曲了背，立刻又将头俯在缝纫机板上了，立刻又陷入了手脚并用的机械忙碌状态……

（节选自梁晓声《慈母情深》）

奥楚蔑洛夫微微向左一转，往人群那里走去。在木柴厂门口，他看见那个敞开了坎肩的人举起右手，把一个血淋淋的手指头伸给人们看。他那半醉的脸上现出这样的神气："我要揭你的皮，坏蛋！"就连那手指头也像是一面胜利的旗帜。

（节选自【俄】契诃夫《变色龙》）

● 华老师总结 ●

细节描写就是把细小的情节，如一个动作、一种情形、一个特点用特写镜头放大，通过准确、生动、细致的描绘，给人"如见其人""如睹其事"的感受。细节描写要服从表现中心的需要，力求具有深刻的意义。

华老师经验谈

描摹细节三步走

技巧	把生活场景化 把场景细节化 把细节词语化
示例	不知何时，爸已插好了康乃馨，一个人憨憨地在排列每朵花的顺序。左边、右边，向上、向下。我静静地凝望他，感受满屋里清晨的祝福。花瓣上，一滴露珠滑落了下来。微妙的情感里，康乃馨也懂得为我流泪。 （摘编自《我想握住你的手》）
	我悄悄走近阳台，目之所及，一片心酸。一个微胖的身影正半蹲在地上，肚子的余肉从大腿和腹之间溢出，显得十分拥挤。父亲伸手去拿洗衣液，这时，我才看清洗衣盆中是我满是泥点的校服。父亲伸手够不着，便撑着腿，抬着胸，挺直了腰去拿，才勉强拿到。滴滴洗衣液掉入水中，是炫丽的彩色泡泡，更是父亲对我无尽的关怀和疼爱……父亲不厌其烦地搓着衣服，满是老茧的大手轻揉着背后的泥点，就像我幼时父亲温柔地摸我的脑袋。 （摘编自《懂你》）
	令我着迷的是奶奶包粽子的过程，三层粽叶错落着搭好，轻轻展开，抹平，两手轻轻一弯，便弯出小小的圆锥形状，一撮米填在尖尖的角里，捏三颗红枣点在米中，再一撮米盖在上面。奶奶不会让枣露出米外，这样红枣的汁液不会流出，全都浸在米里，不放糖却更香更甜。奶奶的大手紧紧捏着盛满馅的粽叶，一根线绳紧紧绕过，缠两圈，系住，便成了一个精巧的四个角的粽子。我赶紧捧过来，细细地看，满心满眼地喜欢。 （摘编自《奶奶的粽子》）

学以致用

请根据描摹细节的方法，为下面文章横线处增加细节描写。

岁月的记号（有改动）

在我家客厅的一面墙上，贴着一张图案幼稚的身高表，表上乃至周围的墙壁上，都做满了颜色鲜艳、大大小小的记号。那是岁月流淌的刻痕，是我豆蔻年华的标记，亦是爷爷风华不复的记号。

幼时我酷爱量身高，隔三差五就要缠着爷爷帮我量身高做记号。他总是拗不过我，便无奈地笑着拿出平板在我头上一压，彩笔一划便留下一个鲜艳的记号。

长大后，我便对此失了兴趣，偶尔爷爷喊我量身高，我也只是不情不愿地敷衍了事。一次又是爷爷主动喊我，我磨蹭着靠墙站好，爷爷便拿出平板开始对刻线。我望向爷爷布满斑痕的苍老面颊，倏地一惊——不知何时起，我竟已能和爷爷平视！我愣了，注视着爷爷笨拙的一举一动。＿＿＿

（描写爷爷给我量身高的细节）我从未像那天一样希望自己长慢点，让爷爷再多划几条满意的记号。

又一次我提前回了家，竟发现爷爷在偷偷地量身高！他吸气，挺起胸膛，企图让自己显得高一些，可他的背却已经驼得很低，无论如何也贴不到墙壁上了。他用笔做了条记号，转过身去看刻度。他凝视着记号，我凝视着他——他的记号已远不及那些色彩鲜艳的记号，而他的侧影，再也无法和我心中那个高大伟岸的身影重叠。他再次叹口气，走进了书房。我脱下书包飞奔到那面墙前，竟才发现那些绚烂的记号下有着浅浅的铅笔印记！一道、两道……随着岁月流淌越划越低。我细细摩挲着那些细纹，没忍住泪水，哭了。

岁月流逝，我和爷爷都不复从前。只是我的记号乃至生命将愈走愈高，愈加灿烂绚丽。而爷爷的记号，将藏在我的记号下，渐渐黯淡。岁月的记号，有的标记着绚丽，有的标记着黯淡，但我们应该知道：没有黯淡，绚丽将无从升起；虽有黯淡，但它会在绚丽中重获新生。

华老师细节

例：

他把平板轻压在我头上，却苦于并不比我高而害怕刻线对得不准。他左手扶着平板，身体左转右转，想要找到准确的刻线。好不容易对准了位置，他心满意足地笑了。他努力维持着平板的平衡，手忙脚乱地掏出一只记号笔。他费力地踮起脚尖去够我头上的身高表，身体因不平衡而微微颤抖——在墙壁上留下了一条扭曲歪斜的线。他有些失望，但只是叹了口气。

六、"难题"怎么办，学会创情境

技能目的

在作文中创设情境，可使作文更具感染力，让读者仿佛身临其境。

反面示例

（1）文章干瘪无情境

示例一：

我的妈妈酷爱养花，于是我们家的阳台变成了一个小小的花园。

在这座花园里，你看不到几十米高的大树，也见不到绿色的小草。在我们的花园里，只有十几盆花。可不要小看这十几盆花，它们每一天都会带给我们许多快乐！

（摘编自《阳台花园》）

示例二：

今天上学的时候，我看见一位盲人叔叔正准备过马路，可马路上车很多，我赶紧跑过去扶着他。在得知这位叔叔的家很远时，怕他路上不安全，我便坐公交车把叔叔送回了家。

（摘编自《难忘的一件事》）

（2）情境创设杂乱无章

示例：

偌大的火车站里人头攒动，即使进入室内也能嗅到外面春雨的潮湿。

我不知不觉迷了路，走到了地下停车场。周围空旷又潮湿，头顶上的灯管散发着阴冷的惨白，来往的车辆寥寥无几。

旁边花坛里黄色的迎春花在盈盈点头。我想，不愧是春天。

（摘编自《爱，盛开在春日》）

华老师总结

如果文章只有空洞的、流水账一般甚至杂乱的叙事，便会毫无生气，毫无亮点，而且在情感和主旨的表达上也会显得虚假无力，更别说升华立意、升级文章了。

名作欣赏

一只山羊在大道边啮嚼树的根端。

城外一条长长的大道，被榆树荫蒙蔽着。走在大道中，像是走进一个动荡遮天的大伞。

菜田里一个小孩慢慢地踱走。在草帽盖伏下，像是一棵大形菌类。捕蝴蝶吗？捉蚱虫吗？小孩在正午的太阳下。

（节选自萧红《生死场》）

街角有一株老海棠树。每天清晨散步的时候，总能看到它朝气蓬勃地朝着太阳升起的天空，抖动着一树茂密的枝叶。

秋风萧瑟的时候，地上会落下它那鲜红的海棠果，每天路过它身旁时，我都会弯腰拾几颗回家，放在白盘子上，红白相衬，晶莹剔透，像白石老人的画。馋嘴的小孙子从幼儿园回来，抄起一颗就往嘴里吃，连说真甜。没吃完的海棠果，渐渐萎缩成话梅核一样，干瘪成一团皱巴巴的紫色，灯下像凝结好久后的血。熄灯后，一袭月光透进窗来，迷离地打在上面，恍恍惚惚的，像一张过了时间颜色暗淡的圣诞卡，诉说着曾经的欢乐美好时光。

（节选自肖复兴《街角的海棠》）

四周只是草滩或洼地，已无一户人家。黄昏，船舱里的小泥炉飘起第一缕炊烟，它是这里的唯一的炊烟。它们在晚风中向水面飘去，然后又贴着水面，慢慢飘去。当锅中的饭已经煮熟时，河水因晒了一天太阳而开始飘起炊烟一样的热气。此时，热气与炊烟，就再也无法分得清楚了。

（节选自曹文轩《孤独之旅》）

月还没有落，仿佛看戏也并不很久似的，而一离赵庄，月光又显得格外的皎洁。回望戏台在灯火光中，却又如初来未到时候一般，又缥缈得像一座仙山楼阁，满被红霞罩着了。吹到耳边来的又是横笛，很悠扬。我疑心老旦已经进去了，但也不好意思说再回去看。

（节选自鲁迅《社戏》）

● 华老师总结 ●

讲一个发生在特定环境里的故事，描绘一个有画面感的场景时，通过对环境、人、事、物等的描绘，营造出独特的氛围，可让读者如临其境、如置其中，真真切切地体会作者彼时彼刻的心境和情感。

华老师经验谈

创设一个和题目相关的情境

示例

"你看，从这个角度看天空，天空显得格外蓝哪。"不远处，她的声音清晰地响起。

看着她的眼睛，我不知怎的，想起了我们的初遇。也是这样的蓝天白云，只是我们脚下踩的从绿茵地变成了军训操场。

……

我们穿过整个草地去上下一节课。太阳好像西落了一些，湛蓝的天空镀上了暖橙色的光芒，发光的小微粒点缀在跑在我前面的人的发梢上。我心里升腾起小小的喜悦，逐渐放大，最终定格为脸上的笑容。我迎着太阳，向着在前面冲我招手的她跑去。

（摘编自《仰望蓝天》）

华老师经验谈

示例

去年，母亲在一个大纸箱里种了黄瓜——说实在的，因为不施肥，结出的果实还没有小拇指大，可母亲还是异常兴奋……

碧绿的细藤爬上支架，缠绕着阳光向上生长，绿得又新又鲜的叶纠缠着藤，从深绿到浅绿，中间荡着蓬勃的黄，而仔细寻觅，黄下还藏着小小的嫩绿。它们互相映衬，迎着光成长，像是要将它们从一颗种子开始经历的时光全部绕进自己的绿里。我仍记得它们是种子时的平凡模样，可不过寥寥几月，它们便绽放出这般光辉。是谁说的，平凡才是最伟大的奇迹？

（摘编自《神奇的种子》）

妈妈总会提起她许久未回的故乡，一个再普通不过的南方小镇。

我从未到过妈妈的故乡，只知道它在长江的那一边，其他都是从妈妈口中听来的。

略泛青色的天空，湿润的空气，袅袅升起的炊烟。劳作了一上午的人们说笑着回家，和家人享受闲逸的午间时光。小孩子则还是在阳光下，与三五好友在石板路上追逐嬉戏，推推搡搡。这是妈妈口中，她的童年。

我想，现在已走过了30多年的时光，可能在妈妈的故乡，中午还会是这样一番图景。即使岁月更替，故乡还会是那样。

（摘编自《在水一方》）

学以致用

细读下面短文，紧扣内容和情感进行补写。补写内容需创设一个情境，即有画面，真实可感。

两条路（有改动）

阳春四月，春意盎然，正是草长莺飞的时节，到处透着暖意。我坐在回老家的大巴上，窗外柳絮翻飞，仿佛又回到了那个总爱与她形影不离的时候。

回家有两条路，_____

_____

_____

_____

小时候因为个子小，走小路总被叶子划到，为了不让我受伤，她忍受着柳絮过敏的痛苦带我走大路。这条路一走就是三年，直到我离开她去外地上学。

如今再次回到家乡，我拉住了习惯走大路的她，转而走小路。

走在那条小路上，依旧是手牵着手，我在前，她在后，就同儿时一样。我为她拂开挡在身前的玉米叶，就这么慢慢地向前走，享受着春日暖阳落在身上的无限暖意。

华老师情境

例：

一条大路宽阔平整，两旁是延伸开去的柳树，一到春天，路上的柳絮就如漫天飞雪一般乱舞。另一条小路上没有柳絮，但却是在田地里，从玉米叶搭起的拱形桥下穿过，脸上、脖子上、手臂上，就留下了一道道细长泛红的痕迹。

七、改变句式，语言升级

技能目的

好句式，能提升语言的表现力，有效传达作者的思想情感。

反面示例

（1）语言干瘪，句式单一

示例一：

坚持，让我在登上知识的高峰时永不停歇，因为坚持让我闪闪发光。

（摘编自《坚持让我闪闪亮》）

示例二：

我的老师曾说过："除了你们的家，学校是你们第二个'家'。"那我就介绍一下我的第二个"家"。

（摘编自《第二个"家"》）

（2）生搬硬套，机械模仿

示例：

今天，我陪妹妹看《喜羊羊与灰太狼》。不必说喜羊羊的聪明、美羊羊的美丽，也不必说沸羊羊的大力气、懒羊羊的懒惰，单是灰太狼的愚蠢，就能使我们笑得合不拢嘴。快乐就是这样简单。

（摘编自《发现快乐》）

（3）堆砌辞藻，故作风雅

示例：

独倚青梅、手扶琵琶的你，将以怎样的怅然忧愁虚度黄昏？宛如带雨梨花的你，又该以怎样的愁思幽咽几案？

（摘编自《古韵奏琴，在水一方》）

● 华老师总结 ●

平庸生硬的句式，使文章味同嚼蜡，缺乏文采；辞藻浮华的句式，易冲淡文章内容，有矫揉造作之嫌。

名作欣赏

傍晚的村庄安详静谧。春风向晚，袭来暖暖春意。远处西山落日，霞光万道；近处炊烟袅袅，白云悠悠。小街整洁一新，小院氤氲着浓郁的烟火气息。

（节选自王畔政《春风过处》）

这泓溪流在草丛、岩隙中穿行，千淘万漉，水质晶莹剔透。遇有落差，千珠万珠飞流直下，泠泠击石，状如飞雪，声如筝簧。

（节选自劳罕《最是杭州品不够》）

川西平原秀美而典型的风光一览无余：田野里大小沟渠纵横，农田中的农作物一年四季郁郁葱葱。桤木林中，莺学唱新词新调；稻花香里，蛙仍奏古曲古琴。

（节选自蒋蓝《成都的桤树》）

母女角色互换。她全情投入、满心陶醉地煮；我呢，气定神闲地袖手旁观。

（节选自尤今《童话的滋味》）

大赛的日子终于来了。她们紧张，不安，手脚都轻颤着。音乐声起，灯光聚焦，掌声四起，真像梦境啊。她们心都飞起来，只想到那梦境里奔跑，奔跑，奔跑。那么快乐地奔跑，像天使一样，轻盈地张开了隐形的翅膀。音乐声止，掌声雷动，她们走回场边，她们听到台上宣布：一等奖第一名，是她们！她们都笑了，又哭了，又笑了！

（节选自施立松《奔跑》）

● 华老师总结 ●

好的句式率真而不做作，灵活而不呆板，丰富而不单一。综合使用各种句式，既琅琅上口、音韵和谐，又铿锵有力、摇曳多姿，不仅可使行文更加和谐流畅，还能增强语言的表现力，从而更有效地传递情感。

华老师经验谈

改变句式的四大窍门

技巧	倒装	分解	断开	穿插
示例	【原句】 　　一大束红的康乃馨。 【变式句】 　　红的，一大束康乃馨。	【原句】 　　他是我最好的朋友。 【变式句】 　　他是我的朋友，最好的那种。	【原句】 　　视线可及之处是光秃的树枝、近黑的天、昏黄的路灯和几个行色匆匆的影，一片荒凉。 【变式句】 　　视线可及之处一片荒凉，光秃的树枝，近黑的天，路灯昏黄地投下来，映了几个行色匆匆的影。	【原句】 　　玻璃墙在灯火下映出好看的光，像一对精致的盒子。 【变式句】 　　玻璃墙在灯火下映出好看的光，在薄雾中巍然立着，像一对精致的盒子，装了梦想去。

学以致用

请运用上述几种改变句式的方法优化下文的画线句。

暖城（有改动）

"噔"。

我的世界转瞬之间没入了黑暗。窗外的鞭炮声和烟火升到天空中绽放的声音，砸在黑暗里。

下一秒，母亲"哎哟，这是怎么回事？电闸断了吗？"的声音，让我在还没来得及适应黑暗的情况下忙手忙脚地去寻找可以照明的工具。

【A】在大年初三这样平静祥和的夜晚竟会倒霉地碰上停电，真让我始料未及。

完全没有反应过来应该埋怨、抱怨，只能慌慌张张地在柜子里寻找手电筒。漆黑如墨。尽管窗外巨大的烟花"嘭"地绽放出的艳丽的光时不时在阳台和地板上晃过，仍然不足以让我的眼睛清晰地寻觅。

母亲翻出一小盒火柴，走到有些光亮的地方，小心翼翼地从中抽出一根，蹭了蹭盒子的边。

窗外隔着一条街的天空，从地面忽然蹿起一缕明亮的光。

"咻"。

母亲划亮了火柴，将火焰又接到蜡烛细细的白线上，光的范围瞬间扩大了，却仍暗得模糊，火苗也仍是颤颤巍巍弱不禁风的样子。

【B】窗外那缕光，"嘭"的一声在夜空中绽放。

母亲在门口一边穿鞋一边嘱咐，她要出去看一下，要我在家里好好待着。我坐在沙发上默然地点了点头，却想起母亲现在是看不到我的，又"嗯"了一声。

【C】接着，门被推开又关上。没有另外的人了。

我坐着愣了一会儿，又跑到阳台上去看风景。我把脸轻轻贴在窗户上，隔着厚重冰冷的玻璃看窗外耸立的高楼，观望遥不可及的天空的另一边。

吐出的气覆在玻璃上模糊了视线，耳朵里是不断冲撞的鞭炮声、烟花声，眼睛观望着这个名为北京的大舞台。更贴切地说，舞台的一角。

我第一次耐下心来去看一看这座城。这座城正在欢度盛大的节日，夹在林立的高楼间的街道上的白、黄、红、蓝、绿色的光，有的静止着像一朵朵小野花一样绽放，有的弥补了北京没有星星的缺点，一闪一闪着。高楼里的住户，有的窗户里执着地亮着白色、暖黄的灯光，有的则因为主人的离开与黑夜融为一体。不知是东西南北哪个方向的烟花腾空而起，以奇异的姿态升到天空中，眨眼间吐出了各自芬芳的花蕊。我像个第一次来到北京的孩子，仔细地看着缓缓移动的车辆和五光十色的招牌，天空不知是因为什么的照映在远处泛起了一点点紫红色。我第一次发现，这座城有我说不出的独特魅力，不单单因为它是中国的首都，也不单单因为寄居在它身体里的几千万人。我第一次发现，它潜藏在黑暗里的微笑，以它温暖的宽容看着一束束缤纷的绽放。

这就是我们的栖身之城。

我听着那些嘈杂无章的声音像是开怀的笑声一般，看着它们融入了这座城市。它们诞生于这座城，属于这座城，最终坠落，也坠落在这座城。

它们成了春节这段故事中的逗点，一次次地将故事引向高潮，最终，我相信也会给这篇故事一个精彩的句点。

【D】又是"噔"的一声，屋里恢复了暖色的光亮。

我吹灭了蜡烛。窗外轰隆的声响从未断过，好像永远都会如此地热闹欢腾。这声音，是暖的。

它们一起构成了这座同样温暖的城。它微笑着在说，晚安。

华老师句式

【A】例：倒装。

停电。我始料未及，在大年初三原本平静祥和的夜晚倒霉地碰上了。

【B】例：穿插。

窗外那缕光，"嘭"的一声，像是花苞里的花瓣飞散开来，散在黑暗中，点缀天空。

【C】例：分解。

接着，"吱"，门被小心地推开。"咣"，又被重重关上。

【D】例：断开。

又是"噔"的一声，屋里恢复了光亮。暖色的，好像从未离开。

八、作文要升格，多用议抒句

技能目的

在记叙和描写中适当使用议论和抒情的句子，可以起到"点睛"的作用：点细节，点情感，点主旨。

反面示例

（1）不知所云的议论

示例一：

我和老奶奶的关系简直就是胜似亲人。如果你身边也有爱你的人，那就好好珍惜他们吧！也许有一天，你也会和他们发展出这样的关系。

（摘编自《令我温暖的人》）

示例二：

有真情才有爱，有真情才有关心，有真情，人间才能有温暖。让我们满怀真情，友善对待身边每一个人。

（摘编自《真情瞬间》）

（2）空洞泛泛的抒情

示例一：

这个暑假真是太令人难忘了！

（摘编自《难忘的暑假》）

示例二：

没有妈妈就没有我，她对我最好了，想起她我心里就美滋滋的。妈妈真是我最爱的人，我真爱她呀！

（摘编自《我最爱的人》）

● 华老师总结 ●

抒情忌空洞泛泛、无病呻吟；议论忌离题万里、不知所云。抒情应该紧贴叙事、细腻真挚；议论应是紧贴主旨、有感而发。

名作欣赏

天上风筝渐渐多了，地上孩子也多了。城里乡下，家家户户，老老小小，他们也赶趟儿似的，一个个都出来了。舒活舒活筋骨，抖擞抖擞精神，各做各的一份事去。"一年之计在于春"，刚起头儿，有的是工夫，有的是希望。

春天像刚落地的娃娃，从头到脚都是新的，他生长着。

春天像小姑娘，花枝招展的，笑着，走着。

春天像健壮的青年，有铁一般的胳膊和腰脚，他领着我们上前去。

（节选自朱自清《春》）

这样，我们就在阳光下，向着那菜花、桑树和鱼塘走去了。到了一处，我蹲下来，背起了母亲，妻子也蹲下来，背起了我们的儿子。我的母亲虽然高大，然而很瘦，自然不算重；儿子虽然很胖，毕竟幼小，自然也很轻。但我和妻子都是慢慢地，稳稳地，走得很仔细，好像我背上的同她背上的加起来，就是整个世界。

（节选自莫怀戚《散步》）

我的保姆，长妈妈即阿长，辞了这人世，大概也有了三十年了罢。我终于不知道她的姓名，她的经历；仅知道有一个过继的儿子，她大约是青年守寡的孤孀。

仁厚黑暗的地母呵，愿在你怀里永安她的魂灵！

（节选自鲁迅《阿长与〈山海经〉》）

我家的后面有一个很大的园，相传叫作百草园。现在是早已并屋子一起卖给朱文公的子孙了，连那最末次的相见也已经隔了七八年，其中似乎确凿只有一些野草；但那时却是我的乐园。

（节选自鲁迅《从百草园到三味书屋》）

我们过了江，进了车站。我买票，他忙着照看行李。行李太多了，得向脚夫行些小费，才可过去。他便又忙着和他们讲价钱。我那时真是聪明过分，总觉他说话不大漂亮，非自己插嘴不可。但他终于讲定了价钱，就送我上车。他给我拣定了靠车门的一张椅子，我将他给我做的紫毛大衣铺好座位。他嘱我路上小心，夜里要警醒些，不要受凉；又嘱托茶房好好照应我。我心里暗笑他的迂：他们只认得钱，托他们直是白托！而且我这样大年纪的人，难道还不能料理自己么？唉，我现在想想，那时真是太聪明了！

（节选自朱自清《背影》）

● 华老师总结 ●

好的议论是用来表明自己的看法、观点和见解的文字。抒情是抒发自己的情感，表明文章主旨的文字。适当地穿插抒情议论，是一种极好的点染，可使细节得到点化，情感得以渲染，主旨得到明确，主题得以升华。

华老师经验谈

在每个叙事的片段之后穿插议论抒情

	标题	初心
示例	开头	成长让我们学会放弃，而梦想则告诉我要坚持初心。
	片段一	我第一次穿西服打领结，左手背在身后，握了又松开，松开又握上，拿着话筒的手好像都渗出了汗。每念出一个字，仿佛都要在胸腔中转上千百遍才从声带发出。五百多位观众的注视下，紧张、胆怯，我感觉到我的五官仿佛被人拧在了一起，但随着诗歌被一句句念出，它好像渐渐舒展开来。终于，我在这个舞台上得到了掌声。 这便是我初中第一次登上那个舞台，也许从那时起我便对舞台有了浓浓的热爱。
	片段二	一年后，我和我的团队终于可以将我们的话剧搬上学校最大的舞台了。从照本子念台词到脱不掉角色，这个剧组里的每个人仿佛都在不经意间默默地成长着。我在这个剧中扮演最可笑的喜剧角色——一个结巴。在舞台上，这个令人发笑的角色却让我演起来非常害怕：我怕结巴的时候少拉一个音，表现力不够，又怕多拉一个音引来观众的厌烦。还好，我让观众们都笑了，我的每一个动作，每一句台词都可以引来观众的笑声。像我们计划好的那样，所有的包袱都甩出去了。 我们的谢幕伴随着震动整座楼的欢笑和掌声，也许，只有我身边的演员们知道，那个滑稽的结巴脸上挂着满意的笑容。

华老师经验谈

片段三		初中的最后一年，语文老师为我们争取到了最后一次课本剧展演的机会，我们的团队依旧选择了不同，选择了独创。 冬季的六点钟，放学的铃声早已响过，天空像被墨染过一样黑。但五层楼舞台的门没锁，几十号演员没走，指导剧组的老师没走，仿佛这些人心中早早地就有一种信念，那便是坚持完成每一件有意义的事情。 临上台前，我偷偷地将后台那扇又高又厚的门拉开一条缝，我看见了我们的语文老师在台上致辞，听见了三年里不曾有过的话："那些演员们，他们是这所学校最优秀的一届！"我的眼睛湿润了，而那一刻，那个舞台仿佛也湿润了，湿润了聚光灯、幕布、座椅……我仿佛在终点回望起点，或许这一路上有磕磕绊绊，有冲突，有碰撞，蒙蒙的光晕中，我仿佛看见一个充满稚气的孩子朝着舞台奔跑。他的每一步都那样有力，那样不顾一切，直到他愈渐地成熟，直到那条路上有了越来越多让他坚持初心的理由。而现在他最后一次站在这个舞台上，回忆起曾有千万次可以放弃，但他坚持着最简单、最可爱的初心，他爱舞台。
结尾		我穿上破旧的水手服，套上大了好几号的裤子，化上落魄的老人妆。三年了，抛开紧张、胆怯，这是我最平静的一次走上舞台。随着越来越多的人站起来，越来越多的掌声传上舞台，随着我们在这里的最后一句台词说完，也许只有很少的人知道，剧中的于勒老人哭了——扮演于勒的孩子也哭了。

学以致用

认真阅读下面的作文，根据标题、开头、结尾及具体叙事内容，把握作者情感，在每个片段的结尾补充恰当的议论抒情句。

依依之情（有改动）

姥爷青年时便离开故乡到北京打拼，几十年过去了，他能说一口流利的北京话，一举一动也像个北京人。只是在提到故乡时，他的眼中依旧充满了深切的依依之情。

依依之情，流淌在不改的乡音中。有时，我会因好奇而缠着姥爷，让他说两句家乡的方言。他却总是苦笑着推脱，说他离家太久，早已忘了家乡的方言该如何发音。我却不信。因为_____

_____

_____。

为什么姥爷只有在和家乡人说话时，才能流利地说方言呢？这一直是我心中不解的谜。

依依之情，弥漫在和故人的笑谈间。门铃响起，打开门，是我不认识的人，姥爷却急忙迎上来，迎接他们落座，神情惊喜而愉悦，眼中闪着奇异的光芒。他们坐在一起聊了大半个下午，连姥姥特意削的水果都被搁置一边。_____

_____

_____。

依依之情，寄托在来自故乡的馈赠上，逢年过节时，姥爷家乡总会寄来成箱的海鲜。姥爷总是小心地挑出还活着的小鱼小虾小螃蟹，装在小盆里，一天换三次水，生怕他们出什么问题，撑不到年夜。他会教我如何辨别各种贝类，如何抓起螃蟹而不被夹。_____

_____

_____。

无论离开家乡多远、多久，游子对故乡炽热而诚挚的思念永远不会消散。这种深切的依依之情早已刻印在他的灵魂上，成为他人格的一部分。故乡的海，故乡的天，故乡的一切都是他所熟悉、所怀念、所寄托依依之情的载体。

它伴他走过这么多年，也将永远伴他走下去。

华老师议抒

片段一补写：

上次故乡人给姥爷打电话时，他那脱口而出的带着大海气息的语言，绝对不是我听惯了的北京话。

片段二补写：

我不禁好奇他们言语之间提及的我全然不知的往事有多么大的魅力，能让平时不苟言笑的姥爷朗声大笑，眼中满是怀念和眷恋，也不禁感叹姥爷对故乡的依依思念，能在这么多年后，让那些陈旧的往事鲜活起来。

片段三补写：

看着他那笑得皱纹都舒展开的脸，我仿佛看到半个多世纪前的那片海，有个小男孩儿正在退潮的海边寻找小螃蟹，远处蓝天碧海相接，有几只白鸥一飞而过。他的样貌穿过几十年的光阴与面前的老人重合，如此贴切，好像他从未远离。

我的收获笔记

范文解析

篇一《生命并没有结束》

那盆文竹竟然死了。

我养了它两年多了，从初一开始就一直养着。还记得那是刚上初一的时候，偶然路过一个小花店，我被包围在花丛中的它吸引了。它并不像旁的文竹那样茂盛，只是小小的一株，就在那儿立着，像刚刚出生的孩童，虎头虎脑地望着这新奇的世界。老板娘说它很好养，只是定期浇点水就行。于是我喜滋滋地把它抱回了家，放在桌上，一直养着。

开始的时候，我很细心。除了定期浇水之外，我还不时地帮它修剪枝叶，随手还照个相留作纪念。后来，作业愈来愈多，学习负担也越来越重，生活一忙竟忘了给它浇水。有一天偶然一瞥，本应该映入眼帘的那抹绿，却被一片死气的黄所替代了。

> 主题是"没有结束"，开头却写生命的结束，"反切入题"横生波澜，让人禁不住继续读下去。

> 简单的比喻，写出作者初见那盆文竹时真挚的怜爱之情，后面"把它抱回了家"也就顺理成章。

它难道真的死了吗？

心里淡淡地涌上一丝愧疚，那一瞬间望着它不再嫩绿的叶，瞅着它发黄的枝，手指不停地摩擦着花盆的边缘，心里有点不舍，有点心酸。时隔两个月，我再次给它浇了水，心里想着：它还没死，它还没死。

白天上学的时候，总是想起那抹黄，搅得我心里闷闷的，有一种说不出的失落感。从那天起，我开始不停地给它浇水，每次浇的水不多，却从不间断。慢慢地，它好像是听到了我内心的祈祷，竟没有继续枯萎下去。

那天我竟然看到它抽出了一丝绿，一丝健康、稚嫩的绿。它竟然没死，它竟然真的活过来了！巨大的喜悦涌上心头，掺着一丝不可思议，蔓延了四肢。我开始用一种前所未有的热情对待它，望着它生命真正的回归。

后来它又渐渐地抽出了新的嫩芽，原来变黄的枝茎也慢慢地又变绿。我再也没有忘记给它浇水，也不敢忘记给它浇水。我眼前的那片黄又变成了绿色，可还有一偏枝依然是枯萎的黄色，每次修剪枝叶时，我都没有把它剪掉。

那片黄醒目地在一片健康而富有生机的绿中，时刻提醒着我：它曾经"死亡了"；同时又告诉我：它超越并征服了死亡，然后获得了崭新的比以往更强大的生命。所以，哪怕被现实逼进了"绝路"，也不要轻易言败。抱着希望，哪怕只有一丝一毫，只要坚持下去，说不定在"绝路"之后就有一片广阔的天地。

只要你相信自己可以走过那"绝路"，一切就都没有结束！

（作者：刘华远/有改动）

痛心发问，推进故事——"我"愧疚于文竹的枯萎；"我"担心文竹死去，又开始细心照顾它；"我"祈祷文竹复活。同时，也吸引读者继续探索——文竹的生命结束了吗？

在叙事中抒情，极其恰当地表达了作者经历愧疚、忐忑、揪心、等待之后的惊讶和巨大喜悦。

在结尾进行议论，表达了由文竹"死而复生"得出的人生感悟——走过"绝路"，一切就都没有结束！

● 华老师点评 ●

刘华远同学的这篇作文细腻地记叙了与文竹相遇、文竹死而复生的过程，在叙事的过程中流露了真挚的情感：初见文竹时的喜爱、文竹枯萎泛黄后的愧疚与难过、文竹复生后的又惊又喜。好作文就需要如此一般的真挚和细腻。

在构思上，本文"以小见大"，由文竹"死而复生"的经历上升到人生道理——走过"绝路"，一切就都没有结束！既呼应了主题，又升华了立意。

篇二《努力并没有结束》

一把琵琶、一张奖状、一段漫长的努力之路，时刻提醒着我，努力并没有结束。

"冰泉冷涩弦凝绝，凝绝不通声暂歇。"琵琶合奏，新的曲子，两周时间。回家丢下书包，摆好琴谱，抱起琵琶，节拍器机械地摇摆。从音节开始，到最复杂的指法，一一练熟。眼睛在琴谱与琴弦间徘徊，一次次尝试，寻找到最便捷的指法。一行乐谱，翻来覆去地练习。手指酸痛但不断练习，指法更加熟练，已然能弹奏出一首完整的乐曲，老师安静地听完，沉默地摇头："你的演奏中没有音乐。"

> 开头改变常规句式，断句为词，长短结合，极富节奏感，增强了语言的力度。并且简洁入题，开门见山。

盲目的努力闭塞了前方的路，努力并没有结束。

"低眉信手续续弹，说尽心中无限事。"琵琶被我放在床上，我只是看着它。棕红色的琴背上已经有几处磨掉了漆，一品一相整齐地排列着。抱起琴，脚尖点地打着轻缓的节拍，手抚琴弦，清亮的弹挑似那滴滴雨珠，连绵悠长却音节分明的轮指，又像那绵绵细雨。指挥的手一起一落，我却只顾沉醉于自己的世界，指挥转向我："不要自己瞎弹，看指挥！"

> 恰当引用古诗词，既贴合了叙事和人物心情，又提升了文采。

一个人一意孤行的努力，在我与他人之间建起一座高墙，努力并没有结束。

"嘈嘈切切错杂弹，大珠小珠落玉盘。"眼神紧盯着指挥的手势，手指在琴弦上跳跃，尽力与他人的节奏保持一致。节奏缓慢是将轮指放轻，仔细聆听中阮与古筝的柔美伴奏，长笛旋律的悠长，将清凉的琵琶声融入其中。这不是一人的独奏，尽力将高傲的目光放低，只是体会乐曲，与其他乐声相契合。感受到的是整个团队的融洽，是几十人倾心只为演奏一曲的快乐与享受。

团结一致的努力，最终成就了我与我们的荣耀。

我坚信努力是成功的必经之路，却也曾认为只自己一人努力便能成就什么，只身一人辛苦但盲目地努力着。但最终的成功与荣耀，不仅是个人的一次次努力积淀，更需要与他人契合，不断努力。

自己一人的一意孤行，终也抵不过一个团队的团结向前，努力并没有结束。

（作者：钱思琳/有改动）

> 在三个叙事片段的结尾用议论进行收束，由此主旨得到明确，立意被一步一步升华——从个人的努力到团队的团结向前。

● 华老师点评 ●

可以看出，钱思琳同学非常擅长描摹细节、创设情境。边读文章，脑海中边一幕幕呈现出她练琴的画面、她沉思的画面、她在团队演奏中陶醉沉浸的画面……

同时，这篇《努力并没有结束》在结构上十分清晰且层层递进。从意识到自己练琴的盲目到认识到自己在团队中的一意孤行，再到完美融入团队，呈现了作者努力的三个阶段，并且是从个人到团队，从而一步一步升华了立意。

篇三《爱并没有结束》

结束了，一切都结束了。只剩下争吵结束后微微颤抖的空气，仿佛记录下了刚刚激烈的话语。

爸爸，难道我的成长您的老去竟是代表着我们间爱的结束吗？

每周回一次家的生活已是第三年，家长不间断地问东问西，我早已习惯。可不知是从什么时候开始，爸爸似乎对我的事不再那么上心：同一件事情至少要问五六遍。这周又是这样，期末考试时间这样重要的日期，问了好几遍也没记住。吃饭时，他又一遍问起，我终于忍无可忍，一股无名的怒火猝然升起："我不知道！这么重要的日期，您要是用心记，早记住了！根本用不着这样一遍一遍地问！"我看到他一下子噎了声，像要说什么，却终是什么都没说，像个做了错事的小孩子一样，低下了头……

为什么我分明看到了你努力回想时微微皱起的眉头，却依旧不愿接受你我间一点儿细小的瑕疵？

真的结束了吗？我坐在书桌前，脑海里是刚才一帧一帧的场景：我毫无顾忌地喊出的那句"不在乎"。可是，现在心里为什么会那样难受。不是生气，而是失落，深深的失落。儿时为我浅唱童谣哄我睡觉的他，小时候摔倒急忙心疼地扶我起来的他，看着我跳舞温暖微笑的他，都去哪了？

我漫无目的地从书架上抽出一本相册，翻开第一页，看到一个六七岁的小女孩儿幸福地紧紧搂住身边男人的脖子，男人也无比满足地笑着。那个小女孩儿是我，而那个男人，是爸爸。我接着往后翻，随着我的长

> 本来是要写"爱并没有结束"，却由吵架事件开篇，这样反切入题让故事更加波折，更吸引人。

> 创设情境，"我"与父亲吵架的画面仿佛就在眼前；吵架时"我"的怒吼仿佛就在耳边；吵架时"我"的愤怒、父亲的错愕，被展现得淋漓尽致。

大，和爸爸的照片越来越少，而拥抱也逐渐被牵手、搭肩和微笑代替。我从未注意过，十几年的光阴竟都被珍藏在这本我未曾翻开过的相册里。几十张照片，便把时光缩得那样短，也将爱提炼得那样精纯。每张照片，面对着我或冷漠或应付的表情，父亲都是一如既往地温暖微笑。那看似一厢情愿的微笑，于我，是那么温暖。

或许只有你了解吧，你的女儿和你一样，从不愿直接表达那份感情。而我认为的结束，却一直是你永远不会结束的执念。你不会像妈妈那样细心关照我，你从来搞不清我衣服的颜色，你从不会说"我爱你"，但你会在对的时候默默出现，说一句"不怕"。你对自己满不在乎，但你知道我喜欢吃什么、我最喜欢的曲子以及我最讨厌的学科。我都知道，我的爸爸，爱并没有结束。而那爱，也并不是你的一厢情愿。在我们的心间，它早已从直接的炽烈蜕变为含蓄的深沉。

那爱，是我们的世界，世界未曾终结，所以，爱，也不曾结束……

（作者：李哲/有改动）

> 用"看相册"自然过渡：从愤怒争吵到温情回忆，一步步扣住本文主旨——爱并没有结束。

● 华老师点评 ●

李哲同学这篇作文前面叙事、后面议论抒情，结构清晰明了，情感主旨清晰明确。这种作文结构十分容易模仿，同学们可以尝试。

这篇作文的亮点在于叙事结构。作者用吵架后的场面开头，简单交代背景后，再写吵架时的激烈，然后用"我"看相册进行过渡，最后用"我"的内心独白点明"爱并没有结束"的主旨。本文所讲的故事不是流水账那样的平铺直叙，而是波澜起伏，极具画面感，十分精彩。

我的收获笔记